부동산 투자,
흐름이 정답이다

부동산 투자, 흐름이 정답이다

김수현 지음

한국경제신문 *i*

들어가면서

이 책을 출간하기까지 많은 고민이 있었다. 내가 과연 책을 출간할 자격이 되는지에 대한 고민과 혹여 '이 책이 정부의 규제 정책이 쏟아지는 시장에서 투자를 조장하는 것으로 생각하지 않을까?' 하는 고민으로 오랫동안 머뭇거렸다. 특히, 서점에는 이미 좋은 책들이 얼마든지 많으며, 부동산 투자 관련 강의가 많이 되고 있다는 점도 책 출간을 망설인 이유 중 하나다. 그러던 중 필자가 블로그에 포스팅한 부동산 공부 방법 내용을 모두 출력해 공부하는 사람들이 있다고 들었다. 내가 가지고 있는 경험과 지식을 필요로 하는 사람들이 있다는 생각에 용기를 내게 되었다.

많은 사람이 부동산 투자를 위한 공부를 하고 있지만 여전히 갈증을 느끼고 있고, 무엇인가 배우고 있다는 생각이 들지만 쉽게 내 것화하지 못하고 있다. 그 이유가 무엇일까? 필자가 생각하기에는 사람들의 조급한 마음 때문인 것 같다. 부동산 투자는 지금 당장이라도 할 수 있지만, 경험과 지식을 쌓는 것은 단시간에 되는 것은 아니다. 필자도 부동산 투자를 10여 년전부터 했지만 최근 들어서 시장의 흐름이 조금 보이기 시작했다. 짧으면 짧고 길다면 긴 시간 동안 투자를 해오고 있었지만, 알다가도 모르는 게 부동산이다. 그렇다고 경험이 짧다고 부동산 투자가 불가능한 것은 아니다. 어떤 사람들은 부동산 경력은 짧지만, 피나는 노력과 피나는 분석으로 단시간에 시장의 흐름을 읽어내기도 하니 말이다.

필자는 아파트 투자를 계속해오면서 다른 부동산 투자도 병행해왔는데 택지지구의 단독주택용지, 도심지의 단독주택과 빌라, 상가주택 등을 투자해오고 있다. 일부는 일반매매로, 또 일부는 경매를 통해서 투자했다. 그리고 일부는 재개발 구역의 주택이기도 했고 또 일부는 재건축이 진행된 아파트이기도 했다. 그런데 문제는 이런 여러 가지 종류의 부동산 투자를 하면서도 왜 가격이 오르는 것인지 시장의 큰 흐름을 보지 못했었다. 필자 역시 지금 부동산 공부를 하는 사람들의 답답함을 동일하게 경험했다.

부동산 가격은 왜 상승하고 하락하는 것일까? 서점에 가서 부동산 책 몇 권만 읽어보면 이 물음에 대한 답은 쉽게 찾을 수 있다. 만약 서점에 갈 시간이 없다면 부동산 관련 블로그의 글들만 읽어봐도 그 해답을 찾을 수 있을 것이다. 문제는 그 글들을 읽은 사람들의 반응이 다르다는 것이다. 어떤 사람들은 그냥 읽고 넘어가는 사람이 있는 반면, 어떤 사람들은 호기심과 궁금증을 가지고 계속 파고든다. 전자인 사람들은 시간이 지나도 그 자리에 머물러 있고, 후자인 사람들은 시장 분석도 멋지게 하고 스스로 투자도 할 수 있는 능력을 갖추게 된다. 부동산 가격이 오르는 이유는 그렇게 많지 않다. 그 원인을 파헤치게 되면 부동산 가격이 오르는 원리를 이해하게 된다. 그런데 많은 사람들이 주입식 공부만 하지 원인을 스스로 분석해보지 않는다. 이미 그려져 있는 차트를 눈으로 보고 이미 분석된 글을 읽는 것은 부동산 공부에 큰 도움이 되지 않는다. 본인이 직접 차트도 그려보고 분석도 해보고 본인만의 생각을 정리해야 시장의 흐름이 조금은 보이기 시작한다.

어떤 분들은 그럼 어떻게 공부해야 하냐고 되묻기도 한다. 그래서 필자는 이 책을 그 물음에 대한 해답이 되도록 구성했다. 이 책에 기술되어 있는 내용은 필자가 투자하면서 경험한 것을 정리한 것들이다. 대부분이 필자가 경험한 내용을 기술했지만, 일부는 이미 부동산 시장에 공개된 것들을 재가공해서 사용한 것들도 있다. 부동산 공부에 갈증을 느끼고 있는 분들은 이 책의 내용을 순서대로 실행해본다면 시장의 흐름이 조금은 보일 수 있다고 생각한다.

　필자는 부동산 경험이 미천하다. 하지만 2009년 이후 부산, 울산, 대구 등 지방 광역시 시장을 필두로 수도권 부동산 가격이 상승했던 시기까지 시장의 흐름을 파악하는 방법을 찾으려고 노력해왔다. 이런 노력이 부동산 투자 공부에 갈증을 느끼고 있는 사람들에게 조금이나마 도움이 되었으면 한다. 부동산 투자 공부를 어떻게 해야 하는지 물어본다면 이 책이 그에 대한 답이 되었으면 한다.

김수현

CONTENTS

Part 1

시장 흐름을 잡으면 부동산이 보인다

Part 1

01

큰 그림(숲)을 그려야
부동산이 보인다

부동산에 투자하려고 하는 이유는 내가 가진 자산을 이용해서 최대한 빠른 시간에 많은 부를 쌓기 위해서다. 부동산 가격이 상승하는 곳만 족집게처럼 찾아서 투자하면 빠른 시간에 부를 쌓을 수 있다. 하지만 일반 사람들이 그런 투자를 하는 것은 쉽지 않다. 일반인들이 투자에 성공하려면 현재 가격이 상승하고 있는 부동산에 투자하거나, 앞으로 상승 가능성이 큰 부동산에 투자하는 것이다. 일반인의 눈으로 가격이 오르는 곳에 투자하기 위해서는 부동산 가격이 상승하고 하락하는 이유를 먼저 알아야 한다.

대부분 사람은 아파트 투자를 하면서 아파트 가격이 오를 것인지 내릴 것인지 확신이 없으면서도 투자한다. 재개발이나 재건축 투자도 마찬가지다. 전문적인 용어나 투자 방법은 많이 알고 있지만, 재개발 투자를 하면 성공할지에 대한 확신이 서지 않는다. 더 나아가 분양권 투자도 마찬가지다. 분양권 투자를 하면 가격이 상승할 것인지 하락할 것인지에 대한 확신도 없다. 그 이유는 투자할 때 필요한 단순 거래 방법들은 잘 알고 있지만, 시장의 큰 흐름을 보는 눈은 없기 때문이다.

부동산은 큰 맥락으로 보면 도시와 인구, 사회와 경제 그리고 정치 등 여러 가지 요인들이 복잡하게 얽혀서 가격이라는 독특한 결과를 발생시키는 분야다. 이런 부분들을 일반인들이 단시간에 체득한다는 것은 쉬운 일은 아니므로 조급함을 버리고 멀리 내다보고 접근해야 한다. 우리가 높은 곳에서 내려다보는 숲은 광활하고 아름다워서 평온하기 그지없지만, 나무만을 바라보게 된다면 나무 그 자체만 보이기 때문에 숲의 아름다움을 알지 못한다. 그래서 투자를 하려면 먼저 숲을 보려고 노력해야 한다.

최근에 유행하고 있는 갭 투자는 시세차익으로 수익을 읽는 투자 방법이기 때문에 아파트 가격이 상승해야만 성공할 수 있다. 조합원 입주권에 대한 프리미엄의 시세차익으로 수익을 얻는 재개발·재건축 투자도 마찬가지다. 아파트 가격이 상승해야 한다는 전제가 있어야 한다. 더 나아가 분양권 투자로 눈을 돌려도 기존 아파트 시장의 가격이 곧 분양권 프리미엄 상승의 척도다.

결국, 세 가지 투자 방법 모두 동일하게 아파트 가격이 상승해야만 성공할 수 있다는 것이다. 그러면 이미 답은 나왔다. 아파트 가격이 상승하는 시기를 파악해서 투자하면 어떤 투자든 성공 가능성이 크다는 것이다. 즉, 부동산 가격 변화의 흐름을 잡아야 한다는 의미다.

아파트 투자가 대세가 되어 많은 사람이 아파트 가격에만 관심이 집중되지만, 아파트 이외의 부동산, 즉 오피스텔, 빌라, 상가주택, 단독주택 등의 부동산 가격은 모두 하나의 틀에서 움직이는 동일한 싸이클(흐름) 내에 있다. 아파트와 단독주택을 따로 떼어내어 가격 흐름을 설명할 수 없고, 갭 투자와 재개발·재건축 투자를 따로 떼어내어 설명할 수 없는 이유도 이 모든 것들이 동일한 흐름 속에서 하나로 움직이면서 가격을 형성하기 때문이다.

재개발 투자는 노후화된 주택을 사서 가격이 오르게 되면 파는 투자 방법으로 단편적으로 생각할 수 있지만, 아파트 시장이 좋지 못할 경우 재개발·재건축 투자도 성공할 수 없다. 각각의 부동산 투자 방법들이 별개로 움직여서 투자하면 된다고 생각하지만, 결론적으로는 모든 부동산 투자 방법들이 하나의 흐름 속에서 같은 방향으로 움직여서 가격 변화를 보이기 때문에 큰 흐름을 파악하는 능력만 키우면 일차적인 문제는 해결된다. 일차적으로 흐름을 알고 난 후 각각의 부동산 투자 방법론을 배우는 것은 이차적인 문제다. 그렇게 큰 그림에서의 부동산을 볼 수 있으면 가격 흐름을 파악할 수 있고 어떠한 방법으로 어떻게 접근해야 하는지 알 수 있다.

서울, 부산, 대구의 주택 유형별 매매가격 변화를 보여주는 차트를 살펴보자. 아파트, 단독주택, 연립주택의 매매가격은 상승과 하락의 진폭과 속도는 달라도 가격 흐름은 유사함을 알 수 있다. 아파트 매매가격이 상승하는 것은 아파트 대지지분의 가격이 상승하는 것이지, 아파트 건물 가격이 상승하는 것은 아니다. 건물은 시간이 지남에 따라 노후화되어 감가상각이 되지만, 대지지분의 가격은 시간이 자나도 하락하지 않는다. 대지지분, 즉 토지의 가치가 높은 단독주택의 매매가격이 상승하는 것도 이런 이유 때문이다. 연립주택의 가격이 오르는 것도 건물의 가치보다는 대지에 대한 가치 상승분이 더 커지기 때문이다.

아파트 가격이 상승하면 대지지분의 가치가 높아지고, 대지지분의 가치가 높은 단독주택의 매매가격은 그에 따라 상승하게 된다. 단독주택과 연립주택의 매매가격이 상승하면 재개발 구역 전체 면적의 토지 가격은 상승하게 된다. 토지가격이 상승하면 사업성이 높아지기 때문에 너도나도 재개발을 하려고 한다. 아파트, 단독주택, 연립주택의 가격이 동일한 흐름 속에 있는 이유는 토지가격의 상승이 있기 때문이다.

서울 주택 유형별 매매가격 차트 (자료 : KB부동산)

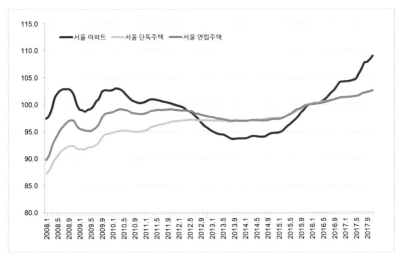

부산 주택 유형별 매매가격 차트 (자료 : KB부동산)

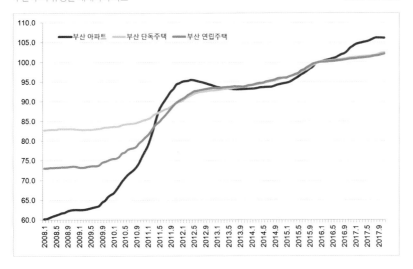

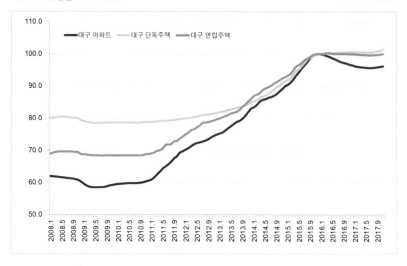

대구 주택 유형별 매매가격 차트   (자료 : KB부동산)

부동산 투자, 흐름이 정답이다

02

가격 흐름 변화의 원인

아파트 가격이 시기에 따라 변하게 되는 이유는 여러 가지가 있다. 공급물량의 변화가 가장 기본이 될 것이며, 정부에서 발표하는 부동산 완화 정책이나 규제 정책도 가격 변화의 원인이 될 수 있다. 그리고 과거에 경험했던 외환위기나 세계금융위기 같은 우리가 미처 대비할 수 없는 세계 경제 상황 또한 부동산 가격에 큰 영향을 미친다. 이처럼 가격에 영향을 미치는 요소가 많지만 가장 중점적으로 살펴봐야 하는 것은 공급물량이다.

가격 흐름에 가장 크게 영향을 미치는 것은 시장에 공급되는 아파트의 양(量)이다. 흔히들 공급물량 또는 입주물량이라고도 얘기하지만, 통상 아파트가 입주하는 시점의 총량을 구해서 시장 상황을 파악하는 것이 보통이다. 우리나라 아파트의 분양방법은 아직은 선분양이 많기 때문에 분양 후 시공 기간을 추적하게 되면 입주하는 시기를 알 수가 있다. 시공사가 아파트를 분양 공고할 때 입주 시점이 대부분 정해져 있기 때문에 추적하기가 쉽다.

상품의 가격이 오르고 내리는 가장 큰 이유는 상품의 희소성 때문이다. 수요자가 찾는 상품의 양이 많다면 가격은 당연히 안정화가 될 것이고, 양이 부족하다면 가격은 상승하게 될 것이다. 이런 수요와 공급 이론은 작은 상품뿐만 아니라 아파트에도 당연히 적용된다. 집을 찾는 수요는 많은데 집이 부족하게 되면 집값이 오르게 되는 것이고, 반대로 수요는 적은데 집이 많아지면 가격은 내리게 되는 것이다. 그런데 일반 상품과 아파트의 차이가 있다. 일반 상품은 시장의 수요에 따라 빠른 시간 내에 공급량 조절이 가능하지만, 시공 기간이 3년에 가까운 아파트의 공급은 시장 수요에 빠르게 대처하기 어렵다. 3년의 시간 속에는 정치·경제·문화 등 수많은 일들이 생겨나고 사라진다. 그래서 아파트 가격이 수요와 공급의 이론으로만 형성되는 것이 아닌 이유도 여기에 있다. 물론 가격 형성의 가장 기본적인 원인은 수요와 공급이지만 시장 상황에 따라 절대적일 수도 있고 그렇지 않을 수도 있다. 지역별 아파트 가격이 어떻게 변했는지 몇 개 단지의 아파트 가격을 보기로 하자.

참고로 아파트 실거래가격은 예전에는 국토교통부 정보를 많이 참고했지만, 최근에는 아파트 실거래가(http://aptpr.co.kr) 앱을 많이 이용한다. 가격 변화를 차트로 볼 수 있는 장점이 있기 때문에 많이 사용하게 되는 것 같다. 서울 잠실동 L아파트와 성남 분당 S아파트의 아파트 가격 변화를 살펴보면, 2013년 이전까지의

부동산 투자, 흐름이 정답이다

매매가격은 하락하고 있지만 전세가격은 조금씩 상승하는 모습을 볼 수 있다. 2013년 하반기를 기점으로 전세가격이 상승하면서 하락하던 매매가격 또한 조금씩 상승하는 모습을 볼 수 있다. 그런데 2016년 상반기부터 전세가격의 상승 동력이 조금씩 떨어지고 있고 매매가격은 오히려 더 상승하는 모습을 볼 수 있다.

수도권 아파트 시세 변화 차트   (자료 : 아파트 실거래가 앱)

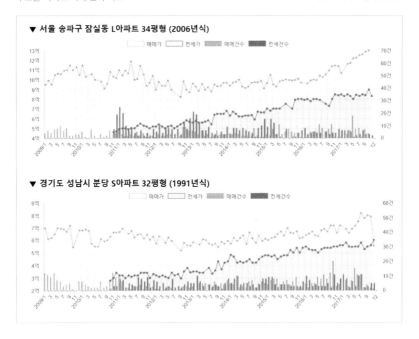

경기도 안양시 평촌동 C아파트와 서울 길음뉴타운 아파트 가격을 확인해봐도 유사한 흐름을 보인다. 앞서 봤던 서울 잠실동 아파트와 성남시 분당 아파트와 다른 점이 있다면 2013년 이전까

지의 매매가격이 아파트 평형의 크기에 따라 하락 폭의 크기가 다르다는 것이다. 서울의 길음뉴타운에 있는 S아파트 23평형의 매매가격은 2013년 이전에도 하락 폭이 크지 않았다.

수도권 아파트 시세 변화 차트   (자료 : 아파트 실거래가 앱)

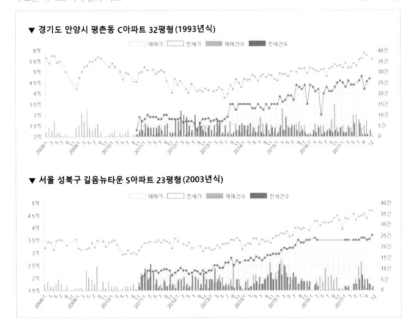

앞서 4개 단지의 아파트 가격 변화를 단순하게 도식화해보면 더욱 명확하게 알 수 있다. 매매가격 하락과 전세가격 상승이 나타나는 영역을 반등국면이라 하고 또는 조정기 시장이라고 하기도 한다. 시장에 공급된 아파트의 양이 증가해 매매가격이 하락하는 구간이다. 그런데 건설사에서도 아파트를 계속 공급할 수가 없다. 이미 시장에 공급이 넘쳐나서 분양되지 않은 아파트가 많기 때문에 이 시기에는 건설사에서도 아파트 분양을 꺼리게 된다. 시장의 불황으로 분양이 감소하게 되면 시장에 공급되는 아파트가 부족해져 실수요자의 바로미터인 전세가격은 상승하게 된다.

2013년 이후 수도권 시장은 50%에 불과했던 전세가율이 70% 가까이 근접하게 되면서 매매가격 상승을 불러왔고, 이와 같이 전세가격과 매매가격이 동반상승하는 구간이 생기는데, 이런 시기를 실수요장이라고도 하고 또는 회복기 시장이라고도 한다. 실수요 증가에 의해 부동산 경기가 살아나게 되면 공급을 하지 않았던 건설사도 분양을 확대하고 그때부터 가수요 즉, 투자 수요도 시장에 참여하게 된다. 아파트 가격이 오르는 것을 언론이나 인터넷에서 보고 들은 투자자들이 적극적으로 시장에 참여하게 되고 분양을 하는 아파트마다 연일 성공하게 된다. 이런 시장을 가수요장 또는 활황기 시장이라고 한다.

아파트 가격 흐름 변화 차트

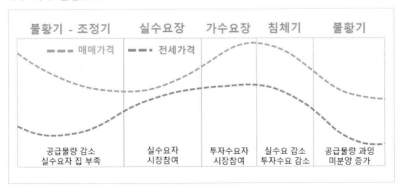

시장에 공급이 증가하게 되면 실수요자들의 주거 선택권이 커지기 때문에 전세가격 상승 동력이 힘을 잃게 된다. 그래서 가수요장 영역에서의 전세가격은 크게 상승하지 못하고 조정을 받는다. 공급물량이 넘쳐서 미분양이 증가하면 가수요장에서 침체기 시장으로 넘어가게 된다. 이때는 매매가격과 전세가격이 동시에 하락하는 시장이 된다. 이처럼 아파트 가격이 변하는 가장 큰 이유는 시장에 공급되는 아파트 양의 변화다. 물론 다른 요인에 의해 가격 변화의 진폭이나 주기의 기간이 조금씩 달라질 수 있지만, 시장 흐름의 큰 줄기는 공급량에 의해 결정이 된다. 그래서 부동산 투자를 위해서 가장 먼저 해야 할 일은 시장에 공급되는 아파트물량을 분석해보는 것이다.

다음의 수도권 준공 실적을 한번 보지. 준공 실적 데이블을 보면 주택과 아파트 두 부분으로 분류가 되어 있으며 주택에는 단독·다가구주택, 다세대주택, 아파트 등 모든 주택이 포함되어 있다. 서울의 아파트는 2009년 이후 준공 실적이 감소하기 시작했고, 수도권으로 확장해서 보면 2011년부터 준공 실적이 감소했다. 만약 준공 실적만으로 서울 시장을 본다면 실적이 감소했던 2009년 이후부터 가격이 상승해야 했지만, 실제 시장은 그렇지 못했다. 오히려 경기도의 준공 실적이 크게 감소한 2013년부터 시장의 가격은 살아나기 시작했다.

수도권 아파트 매매가격 차트를 보면 2013년 하반기부터 2017년 하반기까지 상승하고 있는 것을 알 수 있다. 따라서 서울

부동산 투자, 흐름이 정답이다

지역	서울		인천		경기도		수도권	
년도	주택	아파트	주택	아파트	주택	아파트	주택	아파트
2005	58,545	50,982	25,661	24,914	87,632	80,371	171,838	156,267
2006	52,327	44,438	13,933	13,329	92,471	83,917	158,731	141,684
2007	46,157	35,203	29,865	28,223	90,945	77,559	166,967	140,985
2008	73,720	53,287	22,105	15,039	104,058	83,529	199,883	151,855
2009	35,390	23,987	22,481	14,396	122,608	105,465	180,479	143,848
2010	41,692	25,616	25,355	16,088	119,848	99,613	186,895	141,517
2011	65,093	38,482	29,662	20,175	92,529	66,260	187,284	124,917
2012	65,115	26,115	30,176	22,351	103,970	61,593	199,261	110,059
2013	67,898	33,607	10,761	6,968	98,621	55,411	177,280	95,986
2014	74,818	39,325	15,478	10,110	95,955	54,145	186,251	103,580
2015	64,762	22,573	16,670	10,099	122,287	70,897	203,719	103,568
2016	86,937	33,566	15,267	8,678	156,296	97,747	258,500	139,991

은 경기도의 물량까지 확장해 시장 상황을 판단해야 한다. 서울의 비싼 집값 때문에 경기도 인근 지역으로 떠밀려 거주 지역을 옮기려는 사람들이 많기 때문에 서울과 인접한 경기도의 물량도 중요하다고 할 수 있다. 서울의 위성도시 역할을 하는 인천 또한 서울, 경기도와 유사한 흐름을 보인다.

지방광역시의 아파트 가격은 수도권 시장과 다른 행보를 보여왔다. 수도권 아파트 가격이 하락하고 있을 때, 지방광역시의 아파트가격은 침체기에서 회복기로 전환되었다. 지방광역시 아파트 매매가격 차트를 보면 가격 상승의 시간 차이가 있지만 대부분 지역이 2009년 후반부터 상승했다. 이때부터 지방 부동산의 호황기가 시작되었다.

지방광역시의 아파트 가격이 2009년 이후부터 상승장이 나

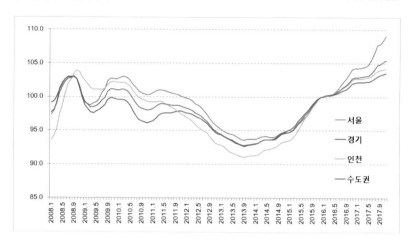

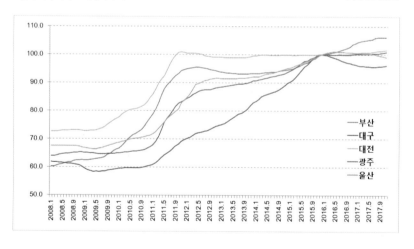

올 수 있었던 이유는 2000년대 중반 이후에 쌓여 있던 미분양이 소진되면서 시장에 공급이 부족했기 때문이다. 국토교통부 지방 광역시의 준공 실적을 보면, 부산 아파트는 2005년 32,626호, 2006년에는 25,750호가 준공되었는데 2009년부터는 10,000호 이하로 급감했다. 대구와 광주도 2010년부터 10,000호 이하로 감소했다.

국토교통부 지방광역시 준공 실적

지역	부산		대구		광주		대전		울산	
년도	주택	아파트	주택	아파트	주택	아파트	주택	아파트	주택	아파트
2005	34,756	32,626	13,195	11,518	13,153	11,881	14,090	13,032	7,303	6,300
2006	27,047	25,750	21,327	19,417	17,418	16,411	17,307	16,526	4,187	3,184
2007	17,246	16,102	21,604	19,788	15,702	14,768	10,572	9,736	13,112	11,579
2008	17,492	16,252	37,042	34,688	11,632	10,492	6,090	5,355	10,420	9,089
2009	8,002	6,182	17,540	16,740	15,681	15,036	3,305	2,373	5,095	4,097
2010	11,596	7,155	9,375	8,188	9,377	8,556	12,656	10,922	11,852	10,632
2011	24,659	13,621	10,569	8,663	9,096	7,938	14,960	13,239	4,960	3,123
2012	32,506	18,132	5,613	2,723	6,813	3,930	8,143	6,046	7,523	3,844
2013	34,646	22,492	13,837	11,582	11,933	9,238	7,425	5,913	10,789	8,213
2014	30,484	22,198	12,515	9,311	14,426	12,259	13,392	11,813	12,094	9,822
2015	24,988	17,941	21,381	18,098	8,584	6,454	7,411	5,702	12,694	10,387
2016	19,299	13,935	31,187	28,224	13,282	10,992	8,268	6,278	6,968	4,400

대구와 광주의 준공 실적을 살펴보면 2010년 이전과 이후의 공급물량 크기가 다름을 알 수 있다. 대구는 2010년 이전에는 2만 호 가까이 공급되었다가, 2010년 이후부터는 만 호 이하로 감소해서 공급되었다. 특히 2012년에는 3,000가구가 되지 않는 물량이 시장에 공급되다 보니 집이 많이 부족하게 되었다. 결과론적으로 대구는 물량이 감소했던 2010년 이후부터 반등했고 2015

년까지 5년간 상승 시장이 이어져왔다. 그 후 2015년과 2016년에 물량이 다시 증가해 대구는 단기적으로 가격이 하락했다. 광주 역시 대구와 크게 다르지 않은 흐름을 보였다.

대전은 다른 광역시와는 또 다른 흐름을 보였다. 부산과 대구에 비교해서 여전히 부동산 시장이 살아나지 않고 있으며, 아파트 가격도 부산과 대구에 비해 여전히 저평가받고 있다. 대전 아파트 준공 실적을 보면 다른 광역시와 조금 다른 양상을 보이는데, 2007~2009년까지 공급물량이 감소했을 때 대전의 아파트 가격은 가파르게 상승했고 2010년 이후 2년간 공급이 증가하다 2012년, 2013년에 다시 감소했다. 물량의 증가·감소가 반복적으로 나타나는 곳이 대전이었다. 그렇다 하더라도 2012년 이후부터는 추세적으로 감소 성향이 뚜렷한 곳인데 여전히 대전 아파트 가격은 회복되지 못하고 있다. 그 이유는 세종의 행정복합도시 입주물량의 영향이 크기 때문인데 다음 표에서 세종의 아파트 준공 실적을 보면 그 이유를 알 수가 있다. 2012년부터 아파트가 입주하기 시작했고 2016년까지 5년 동안 총 50,613호가 준공되었다.

국토교통부 세종시 준공 실적

세종아파트	2012년	2013년	2014년	2015년	2016년
준공물량(호)	1,857	4,288	17,899	18,133	8,436

이런 현상이 대전의 공급물량이 몇 년간 부족했음에도 가격이 오르지 않는 원인이 되었다. 대전의 준공 실적만 보면 공급이 부

족한 듯 보여도 세종의 준공 실적과 합치게 되면 결코 적지 않는 물량이 시장에 공급되어 대전의 아파트 가격이 오르지 못하게 되었다. 이는 서울과 경기도의 관계에서도 봤듯이, 어떤 지역의 물량을 단편적으로 해석하면 오류가 발생할 수 있으니 인구이동에 따른 지역 특성도 함께 살펴야 한다.

03

가격 변화에
영향을 주는 요인들

앞에서 공급물량에 따라 아파트 가격이 어떻게 변화되었는지 살펴보았다. 그런데 이런 내용은 이 책이 아니더라도 다른 책이나 인터넷에서 조금만 찾아보면 쉽게 찾을 수 있고 심지어는 더 자세하게 기술된 내용도 심심치 않게 볼 수 있다. 중요한 것은 이런 내용을 알면서도 아파트 가격이 공급이나 기타 요소에 의해서 영향을 받는 것이 맞는 것인지 분석해본 적이 별로 없다는 것이다.

사람들에게 부동산 공부를 어떻게 하냐고 질문을 받을 때마다 한결같이 어떤 특정한 지역이나 관심이 있는 지역이 있으면 공급된 아파트의 물량을 직접 구해보라고 말한다. 물량을 구한 다음 가격이 어떻게 변화되었는지도 분석해보라고 한다. 사람들은 부동산을 배우는 특별한 방법이 있는지 알지만, 필자는 직접 물량을 구해서 가격 분석을 하는 것이 제일 효과적인 방법이라고 얘기한다.

인터넷과 스마트폰의 발달로 입주물량을 쉽게 찾는 방법은 많다. 그 때문에 본인이 직접 조사하지 않아도 편하게 정보를 얻을 수 있으니 일부로 시간을 소비해가며 물량 조사를 하지 않으려 한다. 이것이 나쁘다는 얘기는 아니다. 어떤 지역에 공급되는 아파트의 수량을 조사한다는 것은 단순노동에 시간도 많이 소요된다. 4차 산업혁명이다, 속도경쟁이다 하는 마당에 책상에 앉아서 물량이나 조사하고 있으니 하면서도 왜 하고 있는지 한심하게 생각할 수도 있다. 필자도 가끔 물량 조사를 하고 있으면 아내가 인터넷에 찾아보면 잘 나와 있는데 그런 걸 왜 하는지 모르겠다고 타박하곤 한다. 그렇다. 아무 생각 없이 단순노동이라고 생각하면 정말 소중한 시간을 허비하는 것이다. 그런데 생각을 전환하면 그 시간이 아까운 시간이 아니라 정말 가치 있는 시간으로 바뀔 수 있다.

아파트 가격이 변하는 이유는 여러 가지가 있다고 앞에서 설명했다. 그런데 부동산에 입문하는 사람들이 처음부터 짧은 시간에 너무 많은 것을 하려다 보니 빨리 지치기도 하고 혼란스러움을 많이 느끼기도 한다. 공급물량, 부동산 정책, 개발 호재, 입지, 학군, 재개발·재건축 등 부동산에 영향을 미치는 요인들을 다 습득하려고 하는 것은 욕심이다. 그래서 우선 처음에는 공급물량과 가격 변화에만 초점을 맞추고 공부할 것을 추천한다. 부동산 가격에 미치는 요인들이 여러 가지가 있지만 앞서 얘기했듯이 가장 중요한 요인은 공급량이다. 부동산 정책과 경제 상황도 가격 변화에 중요한 요인이지만 이는 구조적으로 크게 영향을 미친다기보다 예상치 못하게 가격에 영향을 주는 변수의 역할이 크다. 특히, 부동산 정책은 가격 변화에 영향을 주는 역할이라기보다 과열된 시장과 침체된 시장의 규제와 완화 판단 여부로 사용하는 경우가 더 많다. 오히려 국내외 경제 상황이 시장의 가격 변화에 영향을 더 미치는데 1997년 외환위기와 2008년 세계금융위기가 그러한 경우다. 그런데 이런 국내외 경제 여건은 우리가 예언가가 아니고서는 예측하기가 너무 어렵다. 일정 부분은 어쩔 수 없이 포기해야 하는 부분이기 때문에 안전한 투자를 위해서는 반드시 여유자산으로 투자하는 것이 좋다.

가격 변화에 영향을 주는 요인들

부동산 시장의 가격 흐름을 파악한 후 투자할 지역을 분석할 때 필요한 요인들은 입주물량, 입지 분석, 개발 호재 등이 있다. 그리고 조금 더 상세하게 들어가면 교통, 학군, 일자리, 택지개발, 산업단지, 도시 정비 등도 중요한 요인이 될 수 있다. 입지분석, 개발 호재 등의 상위 그룹과 교통, 학군, 일자리, 상권, 도시 정비, 택지개발 등의 하위그룹을 간혹 부동산 공부하는 사람들이 혼동하는 것이 바로 이 부분이다. 부동산 입문하는 사람들은 어떤 부분이 우선순위이고, 어떤 부분이 후순위인지 잘 모른다. 공급물량, 입지분석, 개발 호재 등을 혼합해서 분석하고 생각하려고 하니 더 어렵게만 느껴지는 것이다.

지역 분석 시 필요한 요인들

예를 들어, 교통과 학군 등 입지가 우수한 부동산은 실거주 수요가 많다고 알고 있다. 실거주 수요가 많다는 의미는 시장이 좋을 때는 가격 상승 폭이 더 크고, 시장이 좋지 않을 때는 가격 하락 방어에서 좀 더 강점 있다는 의미다. 그렇다고 입지가 좋은 곳이 가격이 항상 상승한다는 의미는 아니다. 침체기 시장일 때 입지가 좋은 곳을 산다고 그 부동산만 가격이 오르는 것이 아니다. 그래서 무조건 입지가 좋은 곳은 언제든지 매수해도 가격이 오른다는 오류는 범하지 않아야 한다.

　가격이 저평가되어 있는 곳을 선정한 다음 그 지역을 분석할 때 입지 및 개발 호재와 같은 하위 요인들을 따지고 분석해야 한다. 가격 흐름보다 입지나 개발 호재 등을 먼저 파악한 뒤 시장에 진입할 때는 신중해야 하며 장기 투자를 고려한 전략이 동반되어야 한다.

04

입주물량 정리와
분석하는 방법

███████ 부동산 흐름을 파악하기 위해서 가장 선행되어야 할 일은 공급물량에 대한 감을 익히는 것이다. 주위에서 물량이 많고 적음을 얘기할 때 그렇다고만 대략 알고만 있지 얼마나 많은 것인지, 또 얼마나 부족한 것인지 체감을 하지 못하는 사람들이 대부분이다. 부동산 가격은 큰 틀에서 시장에 공급되는 물량에 따라 변하기 때문에 반드시 공급물량과 가격의 상관관계에 대한 자신만의 생각이 정리되어야 한다.

부동산 강의를 듣거나 책을 보면 처음에는 신선한 충격으로 받아지다가 계속 접하다 보면 '특별한 내용이 있는가'라고 반문하게 된다. 이 책도 그런 점에서는 다르다고 할 수는 없다. 전문가들이 말하는 입지가 좋은 곳, 개발 호재가 많은 곳, 공급이 부족한 곳을 사면 손해 보지 않는다는 것을 누구나 다 알고 있다. 하지만 알고 있다고 다 되는 것은 아니다. 그 이유는 투자금의 한계 때문에 알면서도 못하는 경우가 있고, 직접 경험해보지 않은 데서 오는 불안감 때문에 못 하는 경우도 있기 때문이다. 제일 중요한 것은 확신이 없어서 못 하는 경우가 대부분이다. 확신이 없는 투자를 하게 되면 투자한 기간에 혹시나 내가 산 부동산 가격이 하락하지 않을까 노심초사하게 되고, 다른 투자를 할 때도 똑같이 남의 조언에 의지해 투자할 수밖에 없다.

그럼 남의 조언 없이 나 자신의 확고한 신념으로 투자를 할 수 있으려면 어떻게 해야 할까? 그건 가격이 어떤 영향으로 상승하는지 또 어떤 이유로 하락하는지 내가 몸소 체득할 수 있도록 직접 해보는 것이 제일 빠른 지름길이다. 내가 직접 하지 않고 남의 정보에 의지해 투자를 계속 한다면 확신 없는 투자가 이어질 뿐이다.

어떤 지역에 투자할 때 그 지역의 아파트 가격이 미래에 오를 만한 곳인지 확인하기 위해서 우선 시장에 공급되는 물량부터 확인해야 한다. 미래에 공급되는 아파트 물량 조사 방법은 뒤에서 살펴보기로 하고, 지금은 과거 부동산 흐름을 분석하기 위해 살펴보는 것이니 과거에 아파트가 얼마나 공급되었는지 확인하는 방법을 알아보자. 이는 필자가 경험한 것을 설명하는 것이기 때문에 꼭 정답이라고 말할 수는 없지만, 부동산 공부에 갈증을 해소하고 싶은 분들은 적용해보면 반드시 도움이 될 것이다.

입주물량을 가장 쉽게 확인할 수 있는 방법은 준공 실적 물량을 참고하는 것이다. 준공 실적 물량은 국토교통부에서 확인 가능하며 준공 실적을 입주물량이라고 생각하면 된다.

　　국토교통부 통계누리는 부동산 관련 통계지표들을 볼 수 있는 아주 유용한 곳이다. 주택 물량뿐만 아니라 도시, 인구, 교통 등 부동산 공부에 필요한 많은 통계지표를 확인할 수 있다.

　　첫 화면의 주택 부분으로 들어가면 인허가 실적, 준공 실적, 착공 실적 통계를 찾을 수 있다. 인허가, 준공, 착공 실적 통계 데이터 중 입주물량에 가까운 정보를 얻을 수 있는 통계는 준공 실적 정보다. 인허가 물량은 3~4년 후에 공급량이 얼마나 될지 파악하기 위해서 사용하면 좋은 통계 데이터다.

주택 건설 준공 실적 통계 (자료. 국토교통부 통계누리)

국토교통부 통계누리 준공 실적 자료

지역	서울		인천		경기도		수도권	
년도	주택	아파트	주택	아파트	주택	아파트	주택	아파트
2005	58,545	50,982	25,661	24,914	87,632	80,371	171,838	156,267
2006	52,327	44,438	13,933	13,329	92,471	83,917	158,731	141,684
2007	46,157	35,203	29,865	28,223	90,945	77,559	166,967	140,985
2008	73,720	53,287	22,105	15,039	104,058	83,529	199,883	151,855
2009	35,390	23,987	22,481	14,396	122,608	105,465	180,479	143,848
2010	41,692	25,616	25,355	16,088	119,848	99,613	186,895	141,517
2011	65,093	38,482	29,662	20,175	92,529	66,260	187,284	124,917
2012	65,115	26,115	30,176	22,351	103,970	61,593	199,261	110,059
2013	67,898	33,607	10,761	6,968	98,621	55,411	177,280	95,986
2014	74,818	39,325	15,478	10,110	95,955	54,145	186,251	103,580
2015	64,762	22,573	16,670	10,099	122,287	70,897	203,719	103,568
2016	86,937	33,566	15,267	8,678	156,296	97,747	258,500	139,991

부동산 투자, 흐름이 정답이다

아파트 준공 실적뿐만 아니라 단독주택, 다가구주택, 다세대주택, 연립주택 등 기타 주택에 대한 준공 실적도 확인할 수 있다. 정부에서 제공하는 것이기 때문에 공신력이 있고, 과거의 물량 데이터를 쉽게 확인할 수 있다. 큰 흐름을 보기 위해서 가끔 이용하는 방법이다. 그런데 국토교통부 통계 실적만으로는 흐름 분석하는 데 한계가 있다. 시도별 준공물량은 파악할 수 있지만, 더 디테일한 구별물량이나 동별물량은 확인할 수가 없다. 구역을 좁혀 동별 입주물량까지 확인하기 위해서는 직접 구해보는 것이 제일 좋은 방법인데 그 방법에 대해 살펴보자.

네이버 부동산, 다음 부동산 등은 인터넷에서 쉽게 찾을 수 있는 부동산 사이트다. 이 사이트 외에도 다른 곳도 많지만 가장 대중적인 것을 이용하면 데이터 확보에 문제는 없다. 대부분 부동산 사이트는 부동산 종류별(아파트, 오피스텔, 주택, 분양권) 매물 정보가 있기 때문에 아파트면 아파트, 오피스텔이면 오피스텔 등 필요한 정보를 사용하면 된다.

가령, 서울의 강남구 개포동 아파트 입주물량을 정리해야 한다고 하면 개포동의 모든 아파트를 클릭해서 단지명, 입주 연도, 세대수, 아파트 평형 등을 엑셀에 기록해서 정리하면 된다. 필자는 네이버 부동산에 노출된 아파트들만 정리하는 편이다. 다음이나 다른 사이트의 매물까지 하기에는 너무 많은 시간이 걸리기 때문에 한 곳만 집중적으로 정리한다. 이 정도만으로도 입주물량을 파악하는 데 큰 문제는 없다.

네이버

다음

부동산 투자, 흐름이 정답이다

05

입주물량
분석 사례

▬▬▬ 부동산 시장의 과거를 알기 위해서는 그 도시의 형성과정, 인구의 유입, 주거문화 변화 등에 관련된 역사를 찾으면 된다. 도시의 과거를 알아야 하는 이유는 미래를 예측하는 데 필요한 일이며 우리가 하려는 부동산 분석에 아주 큰 도움이 되기 때문이다. 그런데 어떤 지역에 무슨 아파트가 언제 준공되었는지 등의 부동산 역사는 찾기가 쉽지 않다. 그래서 필자는 그 대안으로 과거의 아파트 전수 조사를 통해 주거 문화 변화, 인구 이동 경로, 도시 형성 과정들을 파악하고 있다. 입주물량 데이터를 얻기 위해서 하는 단순 작업이 아닌 그 도시의 과거를 파악하기 위해서 좋은 방법이다.

뒤에 나오는 입주물량 표들은 네이버 부동산을 참고해 서울 강남구 아파트를 정리한 목록이다. 이 목록을 토대로 지금부터 설명하는 것은 서울에 대한 그 어떤 정보도 알지 못한다는 것을 가정으로 단지 입주물량 정보만으로 도시를 분석하는 방법이다. 이런 분석이 완료된 후 매매가격 변화와 인구 변화를 분석하고 교통·학군 등의 입지환경과 부동산 정책 등을 하나씩 순서대로 대입해 분석해나가는 것이 부동산 공부의 핵심이다. 서울은 강남구를 필두로 중랑구까지 25개의 행정구역으로 된 대도시다. 그래서 어쩌면 입주물량을 정리하는 데 많은 시간이 소요된다. 시간이 많이 필요하기에 지루한 작업일 수도 있고 단순히 정리한다는 생각으로 하면 효과가 없을 수도 있다. 그래서 지금부터 서울의 입주물량을 효과적으로 정리하는 방법을 살펴보자.

1980년대 서울 입주물량의 행정구역은 가나다 순으로 정리했다. 강남구, 강동구, 강북구~종로구, 중구, 중랑구 순으로 정리한 다음 강남구 내에서 다시 동별로 개포동, 논현동, 대치동~압구정동, 일원동, 청담동 순의 가나다 순으로 정리했다.

아파트 단지도 가나다순으로 정리했는데 필자는 50세대 이상의 아파트 단지만 정리했다. 50세대 미만의 아파트들까지 정리하면 좋겠지만 제외시켜도 입주물량의 흐름에는 큰 영향은 없다. 다만 어떤 특정한 시기에 소규모 세대의 아파트가 많이 건설되었는지, 동향 정도만 인식하고 정리해두면 될 것 같다. 그리고 대부분의 입주물량 데이터는 아파트를 기준으로 정리가 되었지만, 시대별로 요구되는 주택의 유형이 있기 때문에 그런 부분도 기록해야한다. 가령 주상복합 아파트나 도시형생활주택 그리고 재개발·재건축 아파트가 어떤 특정한 시기에 집중되는 현상이 있는데 이런 현상들을 파악하기 위해서 공동주택 유형을 정리해두는 것이다.

　1980년대 입주물량 리스트의 유형 부분은 빈칸으로 된 것을 볼 수 있다. 1980년대에는 지금의 주상복합 아파트나 도시형생활주택 또는 재건축으로 공급된 아파트가 없었다는 의미다. 주상복합아파트는 1990년 중후반부터 증가하기 시작했으며, 도시형생활주택은 이명박 정부 때 증가되어 1980년대에는 흔적을 찾을 수가 없다. 그리고 임대 여부를 별도로 정리하는 이유는 아파트가 재개발되어 공급된 것인지, 정부 주도로 건설한 공공임대 아파트인지 확인하기 위해서다. 이명박 정부 때 시행한 보금자리지구도 이러한 방식으로 정리하면 어떤 지역에 건설되었는지 알 수 있게 된다.

　1980년대 강남구의 아파트가 중대형이 많은지 또는 중소형이 많은지 확인하기 위해서는 면적별로 정리해야 알 수 있다. 입주물량 리스트를 보면 1980년대 강남구는 중대형 평형의 아파트가 많이 입주한 것을 확인할 수 있다. 그렇다고, 서울 모든 지역이 다 중대형 아파트가 많았던 것은 아니다. 강남구, 송파구, 서초구 등 강남3구에 중대형 아파트가 집중되었는데 이는 1970년대부터 1980년대까지 정부주도로 한강 남쪽 지역에 대규모 택지를 개발해 강북의 인구를 이주시키는 정책이 효과를 봤던 시기이고 중대형 위주로 아파트를 건설했기 때문이다. 아파트 내부 구조와 크기는 시대적 상황과 환경에 따라 계속 변화된다. 그리고 면적별 공급량에 따라서 가격이 변하기 때문에 평형을 구분해서 함께 정리해야 한다.

행정구역		아파트명	유형	임대	평형			1980	1981	1982	1983	1984	1985	1986	1987	1988	1989	1990
					소	중	대											
강남구	개포동	개포주공1단지								5040								
		개포주공4단지								2840								
		개포주공5단지									940							
		개포주공6단지									1060							
		개포주공7단지									900							
		개포현대														72		
		개포현대2차															54	
		경남										678						
		시영										1970						
		우성3차										405						
		우성6차														270		
		우성8차													261			
		현대2차												558				
		현대3차												198				
강남구	논현동	동현											548				
강남구	대치동	개포우성1차								690								
		개포우성2차									450							
		대치쌍용1차(재건축)								630								
		대치쌍용2차(재건축)								364								
		대치우성1차(재건축)									476							
		선경1,2차								1034								
		선경3차																54
		한보미도맨션1,2차								2435								
		현대																120
강남구	도곡동	개포럭키												128			
		개포우성4차											459					
		개포우성5차											180					
		개포한신											620					
		도곡한신													421			
		삼익								247								
		삼호									144							
		역삼우성											390					
강남구	삼성동	상아2차							478									
		진흥									255							
강남구	신사동	홍실(재건축)								884								
		현대맨션							138									
강남구	압구정동	미성1차								922								
		미성2차														911		
		신현대(현대9,11,12차)								1924								
		한양6차							227									
		한양7차								239								
		한양8차									90							
		현대10차								144								
		현대13차									234							
		현대14차													388			
		현대8차							515									
강남구	일원동	개포한신									364							
		개포현대4차													142			
		대우(재건축)								110								
		삼성사원										80						
		일원우성7차													802			
강남구	청담동	삼익						888										
		진흥									375							
		현대1차							96									
		현대2차															214	
	강남구 합계							1,115	1,754	10,366	8,410	5,441	1,079	2,154	2,504	1,016	-	174

　　입주물량 리스트는 1980~2017년까지 기간을 정해서 정리했
다. 그 이유는 1980년대 이전에 입주한 아파트 가격 정보를 찾기
가 힘들기 때문이다.

1980년대 강남구 입주물량을 차트로 확인해보면 1982~1984년까지 아파트 입주가 많았다. 뉴스에서 많이 들어봤던 개포 주공, 대치 쌍용, 압구정 한양아파트 단지들이 이때 입주했다. 그리고 1985년부터 다시 입주물량이 다시 감소했다.

1980년대 서울 강남구 아파트 입주물량 차트

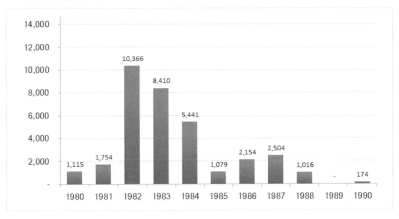

이어서 1990년대의 강남구 아파트 입주물량도 살펴보자. 1990년대 후반부터는 주상복합 아파트가 등장하기 시작했고, 대형 평형보다는 중·소형 평형 아파트 입주가 많았다. 1970년대, 1980년대에는 개포동, 대치동, 압구정동 일대 택지개발 지구 위주로 대단지 아파트 입주가 많았다면, 1990년대부터는 강남구 전지역에 고른 분포로 입주하는 경향을 볼 수 있다. 1990년대에는 1970년대, 1980년대처럼 대규모로 아파트를 공급할 가용 토지가 많지 않기 때문이기도 하다. 1990년대 초와 1990년대 후반의 아파트 분포를 보면 1990년대 초에는 대단지 아파트 입주가 많았고, 중후반 이후로는 중·소규모 단지 아파트 입주가 많았다.

1990년대 서울 강남구 아파트 입주물량

행정구역		아파트명	유형	임대	평형 소	중	대	1991	1992	1993	1994	1995	1996	1997	1998	1999	2000
강남구	개포동	대청							822								
		대치2단지							1753								
		우성9차						234									
강남구	논현동	거평프리젠											113				
		논현신동아파밀리에												644			
		쌍용											111				
강남구	대치동	대치삼성1차															960
		대치현대													630		
강남구	도곡동	대림							197								
		삼성									231						
		역삼럭키										1094					
		도곡현대							211								
		현대그린										171					
		대림아크로빌(주복)														490	
		매봉														132	
		우성캐릭터199)주복)	주복											199			
		중명하니빌												111			
		현대비전21														232	
강남구	삼성동	청구							167								
		삼성통데															339
		삼성롯데2차													112		
		서광													304		
		석탑											139				
		플림1가													252		
		한솔													263		
		현대														198	
강남구	수서동	삼성												680			
		까치마을								1403							
		동익								330							
		삼익							645								
		수서한아름								498							
		신동아							1162								
강남구	신사동	로데오현대													138		
강남구	역삼동	대림역삼											129				
		동부센트레빌													206		
		역삼하스텔											216				
		휴먼터치빌(주복)	주복													160	
강남구	일원동	가람								496							
		목련타운								650							
		상록수								740							
		샘터마을									628						
		수서1단지		2214					2934								
		청솔빌리지									291						
		푸른마을											930				
		한솔마을											570				
강남구	청담동	건영									240						
		삼성청담공원														391	
		삼환														184	
		신동아												106			
		청담삼성1차												158			
		청담삼성3차														217	
		청담현대3차														317	
강남구 합계								234	7,954	4,408	2,599	1,265	755	1,979	1,691	3,134	1,337

부동산 투자, 흐름이 정답이다

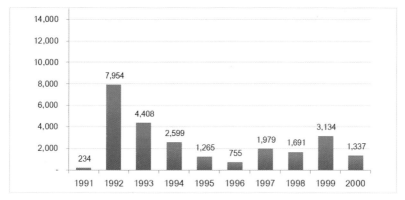

2000년대 강남구에 입주한 아파트는 앞서 봤던 1980년대, 1990년대와 다른 점을 발견할 수 있다. 주상복합 아파트 입주가 증가했는데, 특히 삼성동과 역삼동에 주상복합 아파트 입주가 많았다. 뉴스에서 많이 들어서 너무나 유명한 타워팰리스도 이 시기에 입주했다. 주상복합 아파트가 집중되기 시작한 이유가 무엇 때문인지는 현재 단계에서는 확인이 되지 않지만, 주거환경에 변화가 생겼다는 의미다. 그리고 2000년대에 강남구의 아파트가 다시 대형화된 것을 알 수 있다. 단순히 입주물량만으로 지역을 분석하기 때문에 이런 변화들이 왜 발생했는지 지금 시점에서는 확인하기가 어렵다. 이런 작업이 능수능란하게 되면 지도나 개발 호재 등을 보면서 도시를 빨리 파악할 수 있는데 부동산 투자를 시작하는 단계에서는 이런 부분들이 쉽지가 않다. 그래서 우선은 입주물량을 정리하고 분석하는 데 초점을 맞추고 다른 요소들은 뒤로 미루어둔다.

행정구역	아파트명	유형	임대	소	중	대	2001	2002	2003	2004	2005	2006	2007	2008	2009	2010
강남구	개포동	개포LG자이									212						
강남구	논현동	강남파라곤(주복)												58			
		논현이편한세상										63					
		논현동부센트레빌								160							
		논현동양파라곤									203						
		논현두산위브1단지									130						
		논현두산위브2단지									136						
		논현한진로즈힐									81						
		논현한화꿈에그린											70				
		우편						70									
강남구	대치동	대치대우아이빌맹버스4차	주복							134							
		대치대우아이빌명문가7차	주복								210						
		대치롯데캐슬리베											144				
		대치아이파크												768			
		대치우정에쉐르1									80						
		동부센트리빌										805					
		롯데캐슬							142								
		선릉역대우아이빌S차									150						
		세영팔래스							67								
		테헤란로대우아이빌(주복)									371						
		포스코더삼									276						
		하이캐슬										67					
강남구	도곡동	경남										348					
		극동스타클래스(주복)												96			
		대우양재디오빌(주복)									155						
		도곡렉슬											3,002				
		도곡삼성래미안						732									
		도곡아이파크1차												321			
		아카데미스위트(주복)	주복								414						
		양재SK허브프리모											176				
		타워팰리스1차	주복						1297								
		타워팰리스2차(주복)	주복							913							
		타워팰리스3차(주복)	주복								480						
		포스코트						64									
강남구	삼성동	래미안삼성1차											77				
		래미안삼성1차											36				
		래미안삼성1차											133				
		래미안삼성1차											112				
		롯데캐슬프레미어												713			
		미켈란147	주복								67						
		브라운스톤레전드(주복)	주복													54	
		삼성래미안2차												275			
		삼성롯데캐슬킹덤										118					
		삼성미켈란(107)	주복							64							
		삼성우정에쉐르	주복								60						
		삼성중앙희이츠빌리지									298						
		삼성파크						114									
		삼성포스코더삼(주복)	주복							72							
		삼성한일						127									
		삼성힐스테이트1단지													1,144		
		삼성힐스테이트2단지													926		
		선릉LG에클라트(주복)	주복								125						
		선릉LG에클라트(주복)	주복								298						
		쌍용플래티넘(주복)	주복							88							
		아이파크삼성									449						
		제널러저브	주복											78			

부동산 투자, 흐름이 정답이다

2000년대 서울 강남구 아파트 입주물량

행정구역		아파트명	유형	임대	평형			2001	2002	2003	2004	2005	2006	2007	2008	2009	2010
					소	중	대										
강남구	신사동	대원칸타빌						130									
		래미안신사		3												63	
강남구	압구정동	현대65동									56						
강남구	역삼동	허브젠	주복									56					
		강남역우정에쉐르(주복)	주복								52						
		개나리래미안											438				
		개나리푸르지오											332				
		경남								164							
		금호어울림							183								
		대우디오빌플러스(주복)	주복								168						
		래미안그레이튼2차															464
		래미안그레이튼3차		24												476	
		래미안펜타빌												288			
		세방하이빌1차								100							
		쌍용플레티넘밸류(주복)	주복											166			
		역삼2차아이파크													150		
		역삼아이파크											541				
		역삼이편한세상										840					
		역삼디오빌(주복)	주복						457								
		역삼디오슈페리움(주복)	주복										60				
		역삼레미안										1,050					
		역삼롯데캐슬노블												117			
		역삼우정에쉐르(주복)	주복								200						
		역삼월드메르디앙										93					
		역삼푸르지오										738					
		역삼하나빌(주복)	주복						77								
		우리루미아트(주복)	주복							100							
		진넥스빌								56							
		한화진넥스빌(주복)	주복					294									
		현대까르띠에						137									
		상지리츠빌						52									
		청담이편한세상1차							271								
		청담이편한세상2차											142				
		청담이편한세상3차												49			
		청담이편한세상4차															94
		청담대우멤버스카운티										180					
		청담대우유로카운티									200						
		청담동양파라곤											92				
		청담언세파크빌									100						
		청담휴먼스타빌										187					
		판신오페라하우스							100								
강남구 합계								3,633	4,840	4,565	7,594	6,653	7,464	5,177	2,221	4,609	2,608

2000년대 서울 강남구 아파트 입주물량 차트

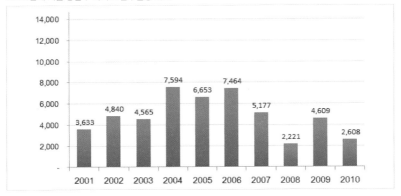

2000년대 입주물량을 차트로 살펴보면, 2000년대에 진입하면서 입주물량이 조금씩 증가한 것을 볼 수 있다. 1990년대 후반 외환위기로 건설 경기가 위축되었다가 위기를 극복하면서 건설 경기가 살아난 영향으로 입주물량이 증가했다. 그리고 2000년대 후반으로 갈수록 입주물량이 다시 감소하게 되는데, 2008년 세계 금융위기가 오면서 경기가 다시 위축되었기 때문이다.

2010년대 강남구 입주물량 리스트를 보면 한눈에 봐도 아파트 입주가 많이 감소한 것을 알 수 있다. 세계금융위기의 영향이 아직 해소되지 않았거나 시장 상황에 어떤 이유가 있었기 때문에 감소했으리라 추측만 해본다. 그리고 새로운 주거 형태의 모습도 보이기 시작하는데 바로 도시형생활주택이다. 대부분 도시형생활주택이 소형 평형으로 구성되어 있고 세대 규모도 그렇게 크지 않다. 대규모로 아파트가 입주한 곳은 세곡동과 자곡동밖에 없는데 그마저도 임대물량이 많은 비중을 차지하고 있다. 강남구에는 많지 않지만 다른 자치구 데이터를 보면 재건축이나 재개발로 새로 입주한 아파트도 증가하기 시작했다. 이렇듯 2010년대 이후 아파트 시장에는 여러 가지 변화가 있었던 시기였음을 알 수 있다.

2010년대 서울 강남구 아파트 입주물량

행정구역		아파트명	유형	임대	평형			2011	2012	2013	2014	2015	2016	2017
					소	중	대							
강남구	논현동	아크로힐스논현		34							368			
강남구	대치동	대치S K												239
		대치더블유타워	도시형							149				
		래미안대치펠리스1단지		20								1,278		
		래미안대치펠리스2단지		20									330	
		래미안대치하이스턴									354			
		현대썬앤빌테헤란											49	
강남구	도곡동	도곡쌍용예가						384						
		도곡한라비발디											110	
		래미안도곡카운티		14						397				
강남구	삼성동	삼성대유리채	도시형						65					
		삼성라테라스							18					
강남구	세곡동	강남LH1단지								809				
		강남효성해링턴코트											199	
		세곡리엔파크1단지		307				395						
		세곡리엔파크2단지		324				410						
		세곡리엔파크3단지		303				363						
		세곡리엔파크5단지		211				546						
		세곡푸르지오							912					
강남구	수서동	강남더샵포레스트											400	
		강남데시앙포레									787			
강남구	역삼동	리치빌								49				
		강남역이스턴	도시형								98			
		개나리SK뷰		7					240					
		대명벨리온	도시형						71					
		더블루	주복						68					
		에레프	도시형							63				
		역삼이지소울리더	도시형						99					
		역삼자이	재건축	51									408	
		요진와이시티미니	도시형						91					
		테헤란아이파크		11							411			
강남구	율현동	강남한신휴플러스6단지		234								378		
		강남한신휴플러스8단지		114								169		
강남구	자곡동	LH강남브리즈힐									402			
		LH강남아이파크		680							716			
		강남한양수자인		653							1,304			
		래미안강남힐즈									1,020			
		래미안포레		874							1,070			
강남구	청담동	청담래미안로이뷰									177			
		청담린든그로브												114
		청담스위트	도시형									124		
		청담신원아침도시	도시형							89				
		청담아이파크									108			
		청담자이		20				708						
강남구 합계								2,806	1,546	1,574	6,815	2,279	1,166	353

2010년대 강남구 입주물량을 차트로 살펴보면, 2014년에만 입주물량이 증가했고, 나머지 연도에는 입주물량이 감소했다. 그리고 도시형생활주택 입주가 눈에 띄게 증가했다. 자곡동의 임대 아파트 입주를 제외하면 2014년에도 입주 아파트가 많은 편은 아니기 때문에 2010년 이후 강남에 아파트가 부족한 시기임을 알 수 있다.

2010년대 서울 강남구 아파트 입주물량 차트

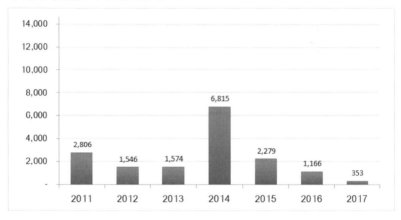

1980년대에서 2010년대까지 강남구의 입주물량을 정리하면 다음와 같은 차트로 나타나며 1980년대 초, 1990년대 초, 2000년대 중반, 2010년대 중반 등 4번의 물량 상승 포인트를 볼 수 있다. 그리고 1980년대 후반, 1990년대 후반, 2010년 전후로는 입주물량이 감소했음을 알 수 있다. 우연의 일치인지는 모르겠지만 대략 10년 단위로 공급물량 증가·감소가 주기적으로 나타나는 현

부동산 투자, 흐름이 정답이다

상도 확인할 수 있다. 입주물량 데이터로만 지역을 분석해도 이와 같이 많은 정보를 확인할 수 있으며 큰 숲을 보는 데 상당한 도움이 된다. 블로그 또는 부동산 포털사이트 등의 온라인에서 쉽게 찾을 수 있는 입주물량 정보의 결과만 보게 되면 이런 흐름을 알 수가 없다.

1980년~2017년 서울 강남구 아파트 입주물량 차트

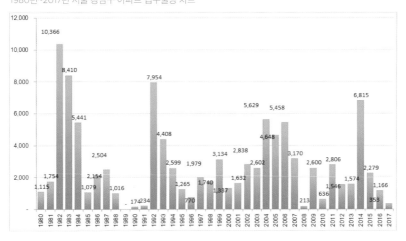

이상 서울 강남구를 샘플로 입주물량 정리하는 방법을 간단히 살펴봤는데, 다른 자치구도 같은 방법으로 정리하고 분석하면 된다. 이 책에서 모든 자치구를 다 보여주면서 설명하면 좋겠지만 여건상 쉽지가 않다. 서울의 모든 아파트를 다 정리한다는 것은 분명 쉬운 일은 아니다. 그래서 짧은 시간에 모든 지역을 다 하려고 하지 말고 시간이 걸리더라도 충분히 생각하면서 통찰력을 늘

려가야 된다. 서울의 경우 하루에 한개의 자치구를 정리한다고 생각하면 하루에 2시간씩 약 한 달이 소요되는 방대한 작업일 수도 있다. 하지만 이 방법은 한 달이라는 시간에 서울과 같은 대도시를 현장에 가보지도 않고 파악할 수 있는 하나의 좋은 방법이라고 생각하며 부동산에 대한 공부를 할 의지가 있다면 이 정도의 시간 소비는 아무것도 아니라고 생각한다. 필자 역시 어떤 지역에 투자하기에 앞서 시간이 소요되더라도 반드시 이런 방법으로 그 지역의 물량을 전수 조사한다. 한 번의 고생으로 확보된 정보는 평생 써먹을 수 있는 소중한 자산이 된다.

부동산 투자, 흐름이 정답이다

Part 2

가격은 물량에
지배된다

Part 2

01

서울의 입주물량과
매매가격 분석하기

앞에서는 부동산 흐름에 가장 중요한 입주물량 정리하는 방법을 살펴봤다. 이제부터는 공급량 변화에 따라 아파트 가격이 어떻게 변해왔는지 확인해보자. 가격 변화에 대해 설명하기 전에 매매 가격을 확인할 수 있는 방법을 먼저 살펴보자.

부동산 매매가격을 확인할 수 있는 곳은 KB부동산(http://nland. kbstar.com), 국토교통부통계누리(http://stat.molit.go.kr), KOSIS국가통계포털(http://kosis.kr), 한국감정원 부동산통계정보(http://www. r-one.co.kr) 등 의외로 많은 곳에서 정보를 확인할 수 있다. 매매가격 정보를 확인할 때는 KB부동산을 많이 이용하는 편인데, 그 이유는 KB부동산의 매매가격 데이터 공개 시점이 1986년인데 반해 다른 곳들은 2000년대 이후부터 매매가격정보를 공개하고 있기 때문이다. 그리고 매매가격 이외에 부동산 관련 중요한 지표들을 다운받아서 사용하기 편리하도록 KB부동산에서 제공하고 있다. KB부동산의 부동산정보로 들어가면 KB부동산통계정보, 월간 KB주택 가격 동향, 주간 KB주택 가격 동향을 볼 수 있다.

월간 KB주택 가격 동향에서 시계열 파일을 다운받으면 여러 지표를 확인할 수 있는데, 현재 필요한 지표는 아파트 매매가격이기 때문에 '매매APT' 탭을 선택해 필요한 데이터를 이용하면 된다. 참고로 투자 시 여러 지표들로 시장 상황을 확인해야 하기 때문에 엑셀 같은 소프트웨어를 사용할 줄 알면 훨씬 쉽게 파악할 수 있다. 데이터를 확인하고 차트화시킬 때 어렵고 전문적인 기능은 필요 없기 때문에 관련 책을 보고 몇 시간만 배우면 쉽게 사용할 수 있다. 매매가격지수는 어떤 특정 시점의 가격을 100이라고 기준을 잡고, 그보다 가격이 상승했으면 100보다 큰 지수를 나타내고, 하락했다면 100보다 작은 지수를 나타낸다. 현재 KB부동산의 월간 시계열 자료의 가격 기준은 2015년 12월이다.

월간 시계열 자료를 다운받아서 강남구의 매매가격지수와 입주물량을 비교해보자.

KB부동산 월간 KB주택 가격 동향

아파트 매매가격지수 Apartment purchase price indices (2015.12=100.0)

구분 Classification	전국 Total	서울 Seoul	강북 Northern seoul	강북구 Gangbuk-gu	광진구 Gwangjin-gu	노원구 Nowon-gu	도봉구 Dobong-gu	동대문구 Dongdaemun-gu	마포구 Mapo-gu	서대문구 Seodaemun-gu	성동구 Seongdong-gu	성북구 Seongbuk-gu	용산구 Yongsan-gu	은평구 Eunpyeong-gu	종로구 Jongno-gu	중구 Jung-gu	중랑구 Jungnang-gu	강남 Southern Seoul	강남구 Gangnam-gu
2012.8	93.1	97.4	98.2	98.5	99.1	97.9	99.6	98.6	96.9	97.5	98.3	94.6	103.9	98.6	99.7	97.8	99.7	96	95.0
2012.9	92.9	96.8	98.3	98.3	98.4	97.0	99.3	98.3	96.3	97.3	98.2	94.3	103.3	98.3	99.3	97.3	97.4	96	94.0
2012.10	92.8	96.2	97.1	97.6	97.9	96.2	98.0	97.8	95.8	96.7	97.8	93.6	102.8	97.7	99.1	97.3	99.1	95	93.7
2012.11	92.7	95.8	96.7	96.8	97.8	95.9	97.0	97.7	95.4	96.5	97.4	93.2	102.4	97.4	98.7	97.0	98.7	95	93.2
2012.12	92.6	95.5	96.4	96.4	97.4	95.6	96.6	97.6	95.2	96.4	97.2	93.1	102.2	97.2	98.4	96.9	98.5	94	92.6
2013.1	92.5	95.1	96.1	96.1	97.1	95.1	96.2	97.3	94.9	96.1	96.6	92.8	102.1	97.1	98.4	96.7	98.0	94	92.2
2013.2	92.5	94.9	95.9	95.3	96.9	95.0	95.7	97.2	94.8	96.0	96.6	92.5	101.9	97.0	98.4	96.7	97.9	94	92.2
2013.3	92.4	94.5	95.6	95.1	96.9	94.7	95.1	97.0	94.7	95.7	96.0	92.0	101.1	96.9	98.0	96.5	97.9	93	92.2
2013.4	92.4	94.5	95.4	94.8	96.8	94.7	96.8	96.8	95.7	95.7	95.7	91.8	100.4	96.8	97.8	96.4	97.9	93	92.4
2013.5	92.4	94.4	95.3	94.8	96.7	94.5	94.6	96.7	94.5	95.7	95.5	91.7	100.4	96.7	97.8	96.1	97.7	93	92.3
2013.6	92.3	94.2	95.1	94.6	96.5	94.2	94.5	96.7	94.3	95.5	95.2	91.6	100.2	96.4	96.1	96.1	97.2	93	91.9
2013.7	92.3	93.9	94.7	94.5	96.3	93.9	94.0	96.0	94.1	95.5	94.8	91.2	99.8	96.0	97.5	96.1	97.0	93	91.5
2013.8	92.2	93.7	94.4	94.4	96.0	93.3	93.7	95.7	93.9	95.2	94.3	90.9	99.3	95.7	97.3	95.9	96.6	93	91.2
2013.9	92.3	93.6	94.3	94.4	95.7	93.3	93.6	95.4	93.8	95.2	94.2	91.1	98.8	95.4	97.3	95.9	96.5	93	91.4
2013.10	92.5	93.7	94.4	94.5	95.6	93.4	93.9	95.3	93.8	95.2	94.2	91.5	98.6	95.4	97.4	96.0	96.5	93	91.4
2013.11	92.7	93.7	94.4	94.5	95.6	93.6	93.9	95.1	93.8	95.0	94.2	91.5	98.3	95.4	97.4	96.0	96.5	93	91.5
2013.12	92.9	93.7	94.4	94.5	95.6	93.5	94.2	94.8	93.9	94.8	94.2	91.7	98.2	95.3	97.3	95.2	96.5	93	91.7
2014.1	93.0	93.7	94.4	94.5	95.5	93.5	94.2	94.8	93.9	94.7	94.2	91.8	98.1	95.3	97.4	96.3	96.4	93	91.7
2014.2	93.2	93.9	94.5	94.8	95.6	93.5	94.5	94.8	94.0	94.8	94.2	92.1	98.0	95.4	97.4	96.6	96.5	93	91.9
2014.3	93.5	94.1	94.6	95.0	96.0	93.8	94.6	95.0	94.2	94.9	94.3	92.3	98.0	95.5	97.4	96.6	96.5	93	92.3
2014.4	93.8	94.2	94.7	95.2	96.0	93.8	94.8	95.4	94.3	95.1	94.3	92.5	97.8	95.7	97.4	96.6	96.6	93	92.3
2014.5	93.8	94.1	94.7	95.1	96.0	93.7	94.7	95.4	94.4	95.0	94.3	92.4	97.7	95.7	97.4	96.6	96.7	93	92.3
2014.6	93.9	94.0	94.7	95.0	95.8	93.7	94.6	95.4	94.3	95.0	94.2	92.4	97.5	95.7	97.4	96.6	96.6	93	92.2
2014.7	94.0	94.0	94.6	95.1	95.8	93.7	94.6	95.4	94.3	95.0	94.1	92.5	97.4	95.6	97.3	96.5	96.6	93	92.2
2014.8	94.1	94.1	94.6	95.1	95.8	93.7	94.5	95.3	94.2	95.0	94.1	92.6	97.3	95.6	97.4	96.4	96.6	93	92.5
2014.9	94.4	94.3	94.8	95.2	96.1	94.1	94.6	95.5	94.6	95.3	94.3	92.7	97.2	95.8	97.4	96.7	96.5	93	93.7
2014.10	94.8	94.5	95.0	95.3	96.4	94.4	94.9	95.7	94.8	95.4	94.3	92.8	97.3	95.9	97.4	97.0	96.6	94	93.7
2014.11	95.0	94.7	95.1	95.3	96.5	94.6	94.9	95.7	95.0	95.6	94.4	93.0	97.3	96.1	97.5	97.0	96.6	94	93.6
2014.12	95.2	94.7	95.2	95.3	96.6	94.7	95.0	95.7	95.1	95.6	94.6	93.0	97.3	96.2	97.7	97.0	96.5	94	93.6
2015.1	95.3	94.8	95.3	95.4	96.6	94.8	95.1	95.7	95.2	95.7	94.7	93.1	97.3	96.3	97.9	96.9	96.6	94	93.8
2015.2	95.6	95.0	95.6	95.7	96.7	95.0	95.2	96.0	95.4	96.0	94.9	93.4	97.5	96.4	98.1	97.0	96.9	94	94.0

다음의 강남구 아파트의 매매가격지수 차트를 보면, 2003년부터 2006년까지 매매가격은 큰 폭으로 상승했다. 2004년 잠시하락했지만, 상승세를 쉽게 꺾을 수는 없었다. 버블세븐이라는 용어는 이 당시 상승세가 얼마나 무서웠는지 잘 대변해준다. 꺾이지 않을 것 같던 상승세는 2007년을 기점으로 하락하기 시작했다. 그리고 2013년 중반까지 아파트 시장은 긴 침체기에 빠졌다. 6년간의 긴 불황기를 끝낸 것은 2013년 하반기부터였다. 2014년부터 본격적으로 상승했고 그 흐름은 2017년까지 이어져오고 있다.

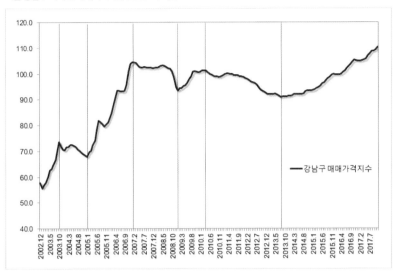

강남구 가격 변화를 요약하면 다음과 같다.

강남구 연도별 매매 가격 변화

2003년	2004년	2005년	2006년	2007~2013년	2014~2017년
상승	하락	상승	상승	대세 하락	대세 상승

앞에서 확인했던 강남구 입주물량을 다시 정리하면 다음과 같다.

강남구 연도별 입주물량 변화

2003년	2004년	2005년	2006년	2007~2013년	2014~2017년
적음	많음	많음	많음	적음	많음 → 적음

2개의 표를 비교해보면 매매가격과 입주물량이 상관관계가 있다고 볼 수 있는가? 2003년과 2004년 지표만 보면 수요와 공급 법칙에 따라 가격이 변화되는 듯 보이지만, 2005년과 2006년의 물량과 가격을 보면 큰 관계가 없어 보인다. 그러면 2005년과 2006년에 입주물량이 많았음에도 매매가격은 왜 하락하지 않았을까?

공급과 가격의 변화가 불일치한 원인을 찾기 위해 2003년 이전의 강남구 매매가격지수와 입주물량을 더 확장해 살펴보자.

그런데 KB부동산에서는 2003년 이전의 강남구 매매가격지수 데이터를 제공하지 않는다. 따라서 강남구가 포함된 강남권 전체의 매매가격지수를 이용해서 비교할 수밖에 없다. 강남권은 한강 남쪽에 위치한 11개 구의 가격을 포함한 매매가격지수이기 때문에 강남구의 매매가격지수와 거의 유사하다고 생각하면 된다. 2003년 이전의 강남권 매매가격지수를 보면 불황기에서 다시 반등했던 시점은 1998년 후반이며, 이때부터 2003년까지 계속 상승했었다. 1990년대 중후반부터 강남구 입주물량이 감소했던 시기였음을 고려하면 어느 정도 상관관계는 있다고 보이는데, 명확하게 기간이 딱 맞아 떨어지지는 않는다. 다만, 한 가지 눈에 띄는 점은 있다.

강남구의 입주물량이 급격하게 감소했던 시기는 1996년이며 매매가격지수가 반등했던 시기는 1998년이다. 그리고 강남구의 입주물량이 증가했던 2005년과 2006년이 끝나자 2007년부터 가격이 하락하기 시작했다. 여기에서 한 가지 사실을 발견할 수 있다. 입주물량이 증가하거나 감소한다고 매매가격에 바로 영향을 미치는 것은 아니며 어느 정도 시차를 두고 입주물량이 매매가격에 영향을 주었다는 것이다.

서울, 강남권, 강남구 아파트 매매각격지수(1986~2017년)

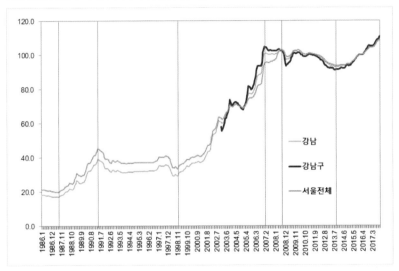

강남구와 유사한 흐름을 보이는 지역이 또 있는지 확인하기 위해 강동구의 입주물량과 매매가격지수를 더 확인해보자. 강동구 아파트의 매매가격지수 차트를 보면 앞서 확인했던 강남구 매매가격지수와 거의 유사하다.

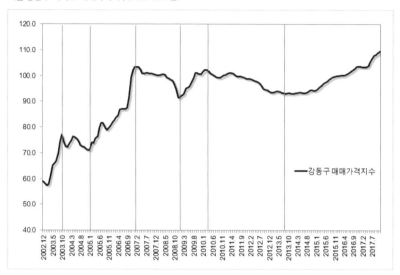

서울 강동구 아파트 매매가격지수(2003~2017년)

강동구 매매가격 변화를 요약하면 다음과 같다.

강동구 연도별 가격 변화

2003년	2004년	2005년	2006년	2007~2013년	2014~2017년
상승	하락	상승	상승	대세 하락	대세 상승

2003~2017년까지의 강동구 입주물량을 정리하면 다음과 같은데, 강남구 입주물량과는 조금 다른 경향을 보인다.

강동구 연도별 입주물량 변화

2003년	2004년	2005년	2006년	2007~2013년	2014~2017년
많음	많음	적음	적음	많음 → 적음	적음 → 많음

부동산 투자, 흐름이 정답이다

강동구의 입주물량과 매매가격을 비교해보면 역시 상관관계를 찾기가 어렵다.

서울 강동구 아파트 입주물량(1980~2017년)

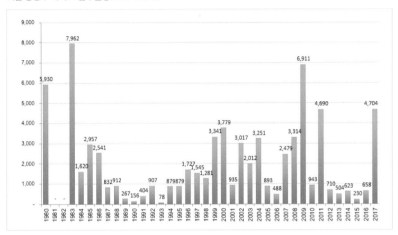

강남구와 강동구의 입주물량이 매매가격에 어떤 영향이 있는지 확인했지만 명확한 상관관계가 있다고 볼 수는 없다. 매매가격에 영향을 줄 수 있는 다른 요인들, 정책, 경제요인 등이 있었을수도 있고, 그게 아니면 자치구별로 단위를 좁혀서 분석하는 것이 올바른 방법이 아닐 수도 있다. 그래서 자치구별로 단위를 좁히는 방법보다는 서울시 전체로 범위를 넓혀서 입주물량과 매매가격의 관계를 다시 알아보자.

서울시 전체 입주물량은 앞에서 살펴본 방법으로 동일하게 정리하면 된다.

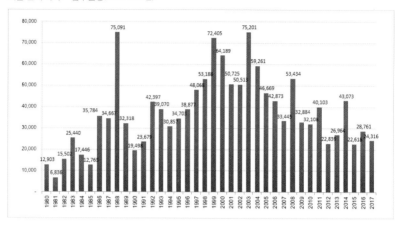

　　1980~1985년까지는 서울의 아파트 입주물량은 많지 않았지만, 1986년부터 입주물량이 증가했다. 특히, 양천구의 목동, 노원구의 상계동과 하계동 일대에 대규모 아파트 입주가 되었던 1988년에는 7만 5,000호가 넘는 아파트가 공급되었다. 1990년과 1991년에는 공급이 잠시 감소했지만, 1992년부터 공급은 다시 증가 추세를 보였다. 1999년과 2003년에는 각각 7만 호가 넘는 아파트가 공급되었는데 서울에 공급될 수 있는 아파트는 대부분 이때 공급이 되었다고 해도 과언이 아니다. 2008년에 공급이 반짝 증가한 것을 제외하고는 2005년 이후부터 2017년까지 추세적으로 공급이 감소하는 현상을 볼 수 있다. 공급이 많았던 1999~2004년까지를 산(山)봉우리 정상이라고 생각하고 1980~1999년 이전까지를 오르막길, 2005~2017년까지를 내리

막길이라고 생각하면 기억하기 쉽다. 88올림픽 전후인 1986년부터 1989년까지는 물량이 증가했었던 것만 유념하면 된다. 그렇다면 입주물량이 많지 않았던 1990년대 초중반과 2004년 이후의 매매가격은 어떻게 됐을까? 서울 매매가격지수 차트를 통해 확인해보자.

1986~1991년까지는 상승 시장, 1991~1998년까지는 조정 및 하락 시장, 1998~2008년까지는 다시 상승시장, 2009~2013년까지 조정 및 하락 시장, 그리고 2013년 하반기부터 2017년 현재까지 상승장을 유지하고 있다.

입주물량이 많았던 시기인 1999~2004년까지의 매매가격을 확인하기 위해 이 구간의 매매가격지수를 조금 더 확대해서 보자.

서울 아파트 매매가격지수(1986~2017년)

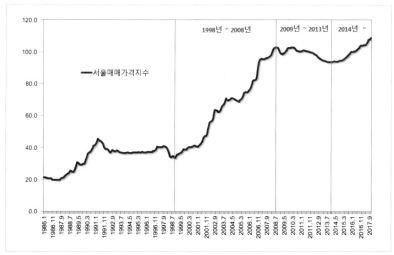

서울의 입주물량과 매매가격을 함께 나타낸 차트를 보면, 입주물량이 많았던 1999~2004년 기간에는 매매가격이 상승했고, 입주물량이 적었던 1991~1996년 기간에는 오히려 매매가격이 조정되었다. 입주물량이 잠시 감소한 2005~2007년 기간에는 매매가격이 다시 상승했다.

서울 입주물량 vs 매매가격지수(1986~2017년)

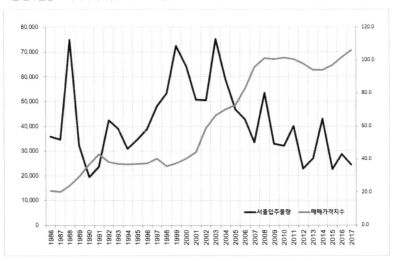

　　서울시 전체의 데이터를 확인해보아도 입주물량과 매매가격의 상관관계를 명확하게 찾기는 쉽지가 않다. 수요·공급 이론에 따르면 입주물량이 많을 때는 매매가격이 하락해야 하며, 입주물량이 적을 때는 매매가격이 상승해야 하지만 실제 시장에서는 두 가지 지표가 어떤 영향이 있는지 한눈에 들어오지 않는다. 입주물량이 적었던 1990~1996년을 다시 살펴보자. 이시기에는 정부의 규제정책과 경기도 1기 신도시의 입주 영향으로 매매가격이 상승하지 못했는데, 1998년 정권이 바뀌고 외환위기에서 벗어나게 되자 공급이 부족했던 서울 매매가격은 상승하기 시작했다. 외환위기라는 초유의 악재가 있었기 때문에 시장 상황이 비정상적으로 되었지만, 만약 외환위기가 없었다면 공급이 부족했던 서울 아파트 가격은 정권이 교체되기 전에 상승했을지도 모른다. 여기서 한 가지 알 수 있는 점은 입주물량의 변화가 있으면 매매가격에 바로 영향을 주는 것이 아니라 어느 정도 시차를 두고 영향을 준다는 것이다.

서울 아파트 가격이 회복했던 2014년을 주목해보면, 2008년에 5만 호 정도의 입주가 반짝 증가한 후 2009~2017년까지의 입주물량은 계속 감소하고 있다. 하지만 매매가격은 2014년 이후부터 추세적으로 상승하기 시작한다. 물량이 감소한 2009년부터 매매가격이 상승한 것이 아니라 몇 년간의 공급 부족 현상이 지속된 후, 매매가격은 반응을 했다. 물론 입주물량 부족에 더불어 정부의 부동산 정책이 대폭 완화되었던 영향도 시장의 가격에 영향을 미쳤다. 이런 현상이 다른 지역에서도 나타나는지 조금 더 살펴보자.

02

경기도의 입주물량과
매매가격 분석하기

████ 서울과 경기도는 행정구역만 다를 뿐, 시장의 흐름은 유사한 형태로 움직인다. 특히, 서울 접근성이 좋은 경기도 일부 지역들은 서울 시장의 영향을 직접 받게 된다. 서울은 인구가 폭발적으로 증가해 대규모 아파트 단지 공급이 어렵게 되자 서울 접근성이 좋은 경기도 지역에 대규모 택지개발을 했다. 여기에 도로와 철도 등으로 주거환경을 개선시키자 서울의 인구가 이런 지역들로 많이 유출되었다. 성남 분당, 안양 평촌, 부천 중동, 고양 일산, 군포 산본과 같은 1기 신도시가 이런 지역에 해당한다고 할 수 있다.

경기도의 입주물량과 매매가격지수 차트에서 2005~2008년까지의 매매가격은 상승한 것을 볼 수 있는데 앞에서 살펴봤던 서울의 가격 흐름과 거의 유사하다. 2008년 하반기부터 가격이 하락했고, 2013년을 저점으로 다시 시장의 가격은 회복됐다. 주목해야 할 것은 2010년 이후 시장의 변화다.

경기도 입주물량 vs 매매가격지수(2005~2016년)

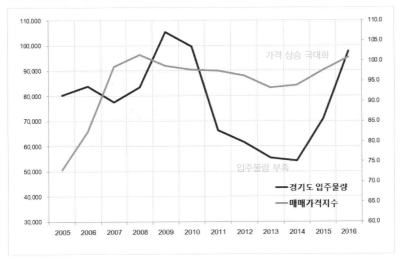

2005~2008년까지 경기도 입주물량은 매년 8만 호 수준으로 시장에 공급되었다. 2009년과 2010년에는 각각 10만 호 이상의 많은 물량이 시장에 공급되었고, 2011년이 돼서야 6만 호로 감소되었는데 감소현상이 2011년 한해에 머물지 않고 2011~2014년까지 4년간 평균 6만 호 언저리의 아파트가 시장에 공급되었다.

그런데 매매가격은 물량이 급감했던 2011년에도 계속 하락하고 있었는데, 2013년이 되어서야 저점을 끝내고 회복했다. 경기도 매매가격이 2014년부터 상승했다는 것은 입주물량이 감소하기 시작한 2011년보다 3년의 시차를 두고 가격에 영향을 주었다고 볼 수 있는데 이것은 앞서 서울의 가격 흐름 현상과 유사하다.

03

부산과 대구의 입주물량과 매매가격 분석하기

2005~2016년 기간의 부산 입주물량과 매매가격지수의 차트를 살펴보자. 2005년과 2006년에 입주물량이 많았었고 2007~2010년까지는 입주물량이 큰 폭으로 감소했다. 이 시기의 매매가격지수를 확인해보면 2008년부터 가격이 회복했고, 물량이 급격하게 감소했던 2009년과 2010년에 본격적으로 가격이 상승했다. 그런데 가격 상승 폭이 컸던 시기는 오히려 2011년과 2012년이다. 물량이 부족했던 2009년보다 약 2년 뒤에 매매가격이 큰 폭으로 상승한 것이다. 어쨌든 물량이 부족하기 시작한 2009년 이후부터 매매가격도 영향을 받았다고 할 수 있다.

부산의 입주물량이 다시 증가한 시기는 2013년과 2014년이다. 2년 연속 2만 호 이상의 아파트가 입주했는데 매매가격은 이때 잠시 조정을 받는 듯했으나, 2015~2016년까지 다시 한번 가격이 상승한 것을 볼 수 있다.

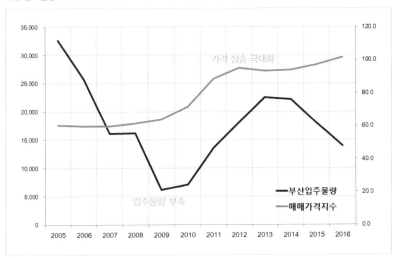

부산의 입주물량과 매매가격의 관계를 살펴보면 입주물량이 감소한 후 매매가격은 상승했고 반대로 입주물량이 증가한 후 매매가격은 하락했다. 부산은 앞의 서울과 경기도에 비교해 수요와 공급 측면에서 이론을 어느 정도 잘 따른 지역이었음을 알 수 있다. 하지만 매매가격이 극대화되었던 시점이 2012년임을 고려하면 입주물량이 최저로 감소했던 2009년과 시간 간격이 분명 존재한다. 대구의 차트를 살펴봐도 입주물량이 감소했던 시기와 매매가격이 극대화되었던 시기의 시간 간격은 존재한다.

대구 입주물량 vs 매매가격지수(2005~2016년)

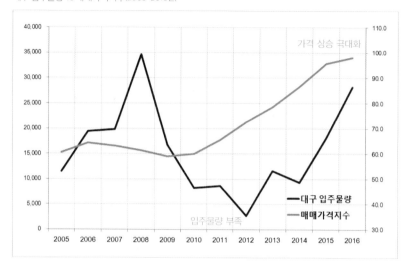

부동산 투자, 흐름이 정답이다

대전과 세종의 입주물량과 매매가격 분석하기

부산, 대구와 유사하게 2000년대 중후반의 대전 아파트 시장 흐름은 좋지 않았다. 대전의 차트를 보면 2005년, 2006년 입주물량이 많았었고 매매 가격은 조정을 받고 있다. 대전에 아파트 입주가 감소했던 시기는 2008년과 2009년이었는데 특히, 2009년의 약 2,000호 정도의 입주물량은 대전 인구가 약 150만 명임을 감안하면 잘 모르는 사람이 봐도 부족했다고 생각할 수 있다. 이렇게 새 아파트 공급이 부족해지자 2009년부터 매매가격은 움직이기 시작했고, 2012년까지 가파르게 상승했음을 알 수 있다. 대전의 매매가격이 극대화되었던 시점이 2012년임을 감안하면 입주물량이 최저로 감소했던 2009년과 시간 간격이 존재한다. 그리고 2012년 이후로 대전 아파트는 증가와 감소를 반복해서 공급되었는데, 그에 반해 매매가격은 큰 변화 없이 일정하게 유지되는 모습을 볼 수 있다. 2년 동안 약 2만 5,000호가 입주된 2010

년과 2011년은 물량이 많았었고, 2년동안 약 1만 2,000호가 입주된 2012년과 2013년은 물량이 많지 않았었다. 물량의 변화에도 불구하고 매매가격의 변화는 거의 없었다. 그 이유는 대전 인구를 흡수할 수 있는 거리에 행정중심 복합도시가 건설되었기 때문이다. 논밭으로 되어 있는 곳을 새로운 도시로 만들어 도시기능을 하려면 인구가 필요한데 세종시와 가까운 곳에서 인구를 유입시킬 수밖에 없다. 대전, 청주, 천안·아산 등 충청권에 있는 도시의 인구들이 많이 유출될 수밖에 없다.

따라서 대전의 인구 또한 세종시로 유출이 되어 대전 아파트 시장 가격에 영향을 주게 된다. 서울과 경기도가 서로 얽혀 있듯이 대전과 세종도 당분간 얽힌 관계가 되어 부동산 시장이 흘러갈 것이다.

대전 입주물량 vs 매매가격지수(2005~2016년)

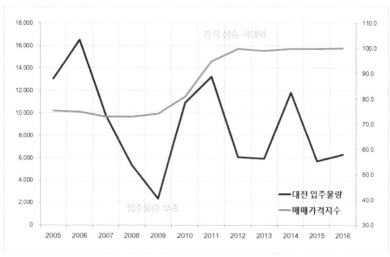

부동산 투자, 흐름이 정답이다

세종의 아파트는 2012년부터 본격적으로 입주하기 시작했다. 2012~2016년까지 세종의 입주물량을 대전의 입주물량에 포함해 매매가격과 비교하면 대전의 입주물량 그래프가 전체적으로 증가하게 된다. 대전 물량만 고려했을 때보다 입주물량이 증가하게 되고, 2014년에는 약 3만 호에 가까운 아파트가 대전과 세종에 공급되었다. 2015년, 2016년 그리고 차트에는 없는 2017년까지 지속해서 물량이 증가해 대전의 아파트 매매가격은 상승도 하락도 아닌 보합을 유지했다. 만약 이런 상황에서 세종의 입주물량이 급격하게 감소하게 되면 대전의 아파트 매매가격은 어떤 방향으로든지 움직일 수밖에 없다.

대전/세종 입주물량 vs 매매가격지수(2005~2016년)

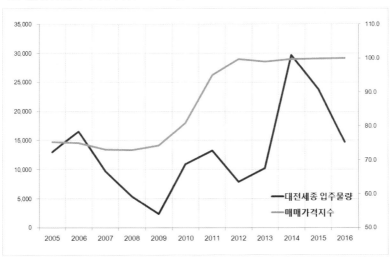

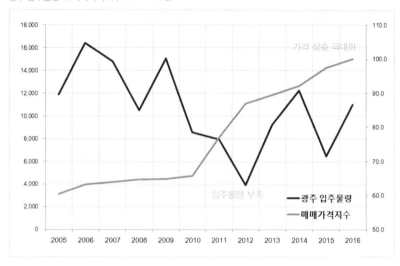

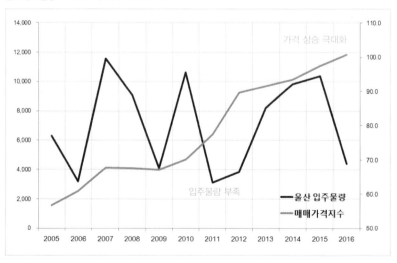

부동산 투자, 흐름이 정답이다

기타 인천, 광주, 울산의 입주물량에 따른 매매가격 변화도 앞에서 설명했던 다른 광역시들과 크게 다르지 않다. 입주물량이 부족해지는 특정 시점이 2년 이상 지속되면 매매가격은 반등하기 시작했고 몇 년의 시간 차로 매매가격은 정점을 보이게 된다.

인천 입주물량 vs 매매가격지수(2005~2016년)

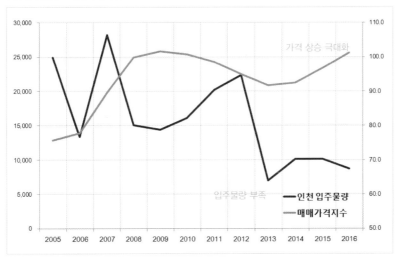

지금까지 서울, 경기도 및 6대 광역시의 입주물량과 매매가격의 상관관계를 살펴봤다. 각 지역을 분석한 결과 공통점을 찾을 수 있었는데 입주물량이 부족해지는 기간이 몇 년간 지속되면 매매가격은 점차 회복되고, 회복 후 몇 년의 시간 차로 매매가격은 정점을 보이게 된다는 것이다. 이런 결과로 시장을 보게되면 단기 투자 시 2년을 보유했을 때보다 4년을 보유했을 때가 수익률 면에서 더 장점이 있다고 할 수 있다.

05

부동산 정책은
나올 만할 때 나오는 것이다

      지금까지 살펴본 아파트 가격 변화의 흐름은 오로지 입주 물량의 변화에 따른 영향만 분석해본것이다. 부동산 정책이나 국내외 경제 상황 등 부동산 흐름에 영향을 주는 요인들은 전혀 고려되지 않았기 때문에 이제는 이런 요인들이 시장의 흐름에 어떤 영향을 주었는지 살펴봐야 한다. 이렇게 순차적으로 각각 분석하는 이유는 부동산에 입문하시는 분들이 가격에 영향을 미치는 여러 가지 요인들을 혼합해서 생각하게 되면 공부에 혼란만 가중될 뿐, 맥을 잡지 못하는 경우가 많기 때문이다. 그래서 중요한 요인들부터 하나씩 차례대로 가격 변화에 대입해 시장의 흐름을 보는 것이 공부에 더 효율적일 수 있다.

    부동산 정책이 시장의 흐름에 어떤 영향을 줄 수 있는지 살펴보자. 2017년 5월 정권이 교체되고 부동산 시장에는 이상한 기류가 감지되기 시작했다. 바로 김수현이라는 분이 청와대 사회수석이라는 직책을 맡게 되었는데, 부동산 시장에서 김수현 수석의 존재는 노무현 정부 때의 부동산 정책과 연관 지어 생각할 수밖에 없는 인물이다. 사회수석에 임명되고 출간된 지 6년이 지난 그의 저서가 새삼스럽게 회자가 된 것도 다 그런 이유 때문이기도 하다. 김수현 수석이 현 정부의 부동산 정책에 얼마만큼 영향력이 있는지 우리는 아무도 모른다. 다만 추측은 할 수 있다. 현 정부로 교체되고 몇 차례 발표된 부동산 정책 내용이 하나같이 김수현 수석이 언급했던 것들과 일맥상통한다는 것이다. 문제는 정권이 바뀐 후 부동산 규제 정책이 계속해서 나오고 있다는 것이다. 물론 현재 부동산 시장이 과열되어 정부로서도 가만히 두고 볼 수만 없는 일이다. 이처럼 부동산 규제 정책은 시장이 과열되었을 때 정부에서 내놓는 것이다. 그리고 시장이 침체되었을 때는 완화 정책을 발표해 부동산 경기를 활성화하는 것이다.

지난 역대 정부의 부동산 정책과 서울 아파트 매매가격을 비교한 차트를 살펴보자.

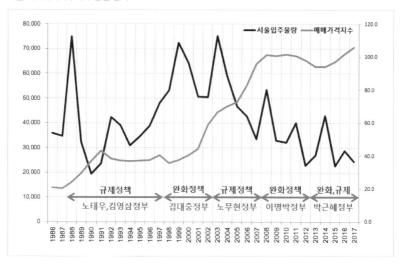

1988년 노대우 정부부터 1997년 김영삼 정부까지 부동산 정책은 규제 기조를 유지했던 시대였다. 1980년대 후반 올림픽 특수와 경제 활성화에 의해 부동산 투기 과열 현상이 발생하자 정부에서는 각종 규제책을 내놓았다. 그런 흐름은 김영삼 정부에서도 이어졌는데 규제 발표 후 초기에는 가격이 상승했지만, 시간이 지남에 따라 가격은 안정화되었다. 김대중 정부는 외환위기로 침체된 경기를 부양하기 위해 양도세·취득세 등의 세제 완화, 분양가 자율화, 금리 완화 등 부동산 완화 정책을 쏟아냈다. 정책의 효과로 말미암아 김대중 정부의 아파트 가격은 60%에 가까운 상승세를 보였다. 사람들은 노무현 정부 때 부동산 가격 상승은 기억해도 김대중 정부 때 부동산 상승세는 기억하지 못하는 사람들이 많다.

김대중 정부 때부터 이어져온 부동산 가격 상승세를 안정화시키기 위해 노무현 정부는 역대 그 어느 정부보다 많은 부동산 정책을 쏟아냈다. 하지만 강도 높은 부동산 정책에도 불구하고 가격이 오히려 급등하게 되어 부동산 정책은 실패했다는 목소리가 컸었다. 그렇게 잡히지 않던 부동산 가격이 세계 금융위기라는 최대변수를 만나게 되어 긴 침체기에 들어가게 된다. 침체된 경기를 부양시키기 위해 이명박 정부부터 박근혜 정부 초기까지 부동산 규제를 풀기 시작했었다. 서울 매매가격이 2013년을 기점으로 반등했던 이유가 시장에 공급된 아파트 양이 감소했기 때문이기도 하지만 정부에서 규제를 완화했던 효과도 무시할 수 없다. 박근혜 정부 초기 부동산 부양 정책에 힘입어 부동산 가격은 다시 살아났고, 정권 후반에는 오히려 시장이 과열될 것을 미리 차단하기 위해 규제 기조로 전환했다. 그 기조를 이어받은 문재인 정부는 현재까지도 부동산 규제 정책을 쏟아내고 있다. 노무현 정부에 버금가는 규제 정책을 쏟아낼 정도다. 이렇듯 부동산 정책과 시장의 가격은 밀접한 관계가 있다.

　　정책의 변화에 따라 시장가격이 변하는 것은 집을 거래하는 사람들의 심리에 상당한 영향을 미치기 때문이다. 문재인 정부가 8.2 부동산 대책을 발표한 후 부동산 거래가 갑자기 감소한 것도 바로 그런 이유 때문이다.

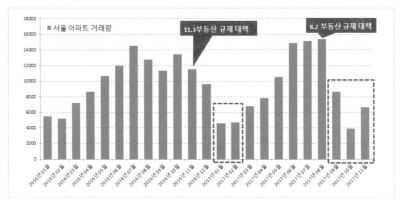

서울 아파트 거래량과 정부 정책을 비교한 차트를 보면, 2016년 11.3 규제 대책과 2017년 8.2 부동산 규제 대책이 발표된 후 서울 아파트 거래량이 감소한 것을 볼 수 있다. 거래량이 변했다는 것은 곧 가격의 변화를 불러온다는 의미다. 물론 서울 일부 지역은 대책 후에도 가격이 더 상승했지만, 대체로 거래가 감소해 일시적으로 가격이 하락하는 지역이 많다. 이처럼 돌발적인 정책의 변화는 사람들의 심리에 상당한 영향을 미치게 된다.

정책의 변화에 따라 가격이 변한다는 것은 상식적으로 생각하면 누구나 알 수 있다. 그런데 한 가지 더 생각해볼 것은 부동산 정책으로 인해 시장이 위축되거나 활성화되면 공급은 어떻게 될 것인가. 서울 매매가격지수와 부동산 정책 차트를 다시 보면 노태우 정부의 규제 정책 후 아파트 입주물량은 감소했고, 김대중 정부의 완화 정책 후 입주물량은 다시 증가했다. 그리고 노무현 정부의 규제 정책 이후 아파트 입주물량은 다시 감소했다. 이명박 정부 때는 완화 정책에도 불구하고 입주물량이 증가하지 않았는데, 그 이유는 세계금융위기로 건설경기가 살아나지 못했기 때문이다.

대한민국 역대 정부 부동산 정책

김대중 정부 (1998~2002년)	서울 아파트 가격 약 60% 상승	완화	분양가 자율화 정비사업 규제 완화 양도세, 취득세 완화 금융 규제 완화	약 30만 호 (5년간)
노무현 정부 (2003~2007년)	서울 아파트 가격 약 60% 상승	규제	종부세, 양도세 규제 강화 재건축초과이익환수제 재건축 연한 강화 금융규제 강화 투기지역 지정 분양가 상한제, 전매 금지 주택공급 확충	약 27만 호 (5년간)
이명박 정부 (2008~2012년)	서울 아파트 가격 약 4% 하락	완화	양도세 규제 완화 금융규제 완화 정비사업 규제 완화 공공 부분 공급 확대	약 20만호 (5년간)
박근혜 정부 (2013~2017년)	서울 아파트 가격 약 4% 하락	완화	공공 부분 공급 확대 양도세, 취득세 완화 금융규제 완화 정비사업 규제 완화 분양가 상한제 폐지	약 15만 호 (5년간)
	서울 아파트 가격 약 10% 상승	규제	공공택지지구 지정 중단 대출 요건 강화 여신심사 가이드라인 발표	
문재인 정부 (2017~2021년)	?	규제	양도세 강화 금융규제 강화 투기과열지구 지정 분양가 상한제 확대 정비사업 규제 재건축 초과이익 환수제	?

하지만 대체적으로 보면 부동산 정책과 시장의 공급량은 어느 정도 상관관계가 있다.

문재인 정부는 취임 후 7개월 동안 7개의 부동산 규제 정책을 쏟아냈다. 규제 정책으로 인해 분명 시장의 가격은 영향을 받을 수밖에 없다. 특히, 시장에 아파트를 공급하는 건설사 입장에서도 이런 상황은 반갑지가 않다. 부동산 경기와 건설 경기는 밀접한 관련이 있기 때문에 부동산 규제가 나올수록 건설 경기는 침체된다. 건설 경기가 침체되면 시장에 나올 예정이었던 공급도 감소하게 된다. 현재 서울의 아파트 주요 공급처는 재개발·재건축이다. 재개발·재건축 사업 진행 여부에 따라 서울 시장의 공급량이 증가할 수도 있고 감소할 수도 있는데 재개발·재건축에 관련된 규제를 강화하면 시장의 공급이 그렇게 낙관적이지 않게 된다. 규제로 인한 건축 경기의 침체는 결국 시장의 공급 부족을 불러오게 된다. 2010년 이후 서울의 공급이 부족했던 것도 주요 공급처인 재개발·재건축 사업이 지연되었던 이유가 컸다.

정부의 정책은 예상치 못하게 시장에 나오긴 하지만 분명히 그 전조현상이 있다. 노무현 정부와 문재인 정부의 부동산 규제 정책은 부동산 시장이 과열된 후 나왔고, 김대중, 이명박, 박근혜 정부의 부동산 완화 정책은 부동산 시장이 침체된 후 나왔다. 시장이 과열된다고 생각하면 정부에서 시장에 개입할 것이란 정도는 예측하고 있어야 하며, 시장이 장기간 침체되어 있다면 정부에서 부양책을 들고 나올 것이란 예측도 할 수 있어야 한다. 정책이

나오는 타이밍에 맞춰 부동산을 사고 팔지는 못하겠지만, 시장의 흐름이 어떻게 변할지 예측을 하고 대처할 수 있는 대안 정도는 가지고 있어야 한다.

06

경제 전문가일
필요는 없다

■■■■ 필자는 경제에 대해서 잘 모른다. 전공 분야도 아닐뿐더러 제대로 공부해본 적이 없다. 따라서 시장 경제 원리나 그 영향에 관해서 설명할 자격이 없다고 할 수 있다. 언론에서는 오랜 저금리 시대에 시장의 통화량이 증가해 유동성도 넘친다고 하며 그로 인해 부동산 시장도 활황기를 경험했다고들 한다. 통화량 그래프를 그려보면 우상향 방향으로 증가하는 것이 맞긴 하다. 하지만 통화량이 정말 부동산 투자로 이어졌는지는 잘 모르겠다. 다만, 저금리가 이어지면서 부동산에 투자하려는 수요가 많아졌다는 것은 충분히 느낄 수 있는 점이다. 부산의 부동산 시장이 좋을 때 아파트 분양이 쏟아졌는데 그 많은 아파트를 누가 다 받아줄까? 그건 바로 은행에 저축하는 것보다 부동산에 투자하면 더 높은 수익률을 올릴 수 있다는 것을 여기저기서 들은 묻지마 투자자들이 다 받아준 것이다. 아파트뿐만 아니라 낮은 금리로 인해 수

익형 부동산으로 투자 수요가 몰린 것도 마찬가지다.

경제를 잘 모르지만, 금리는 부동산 시장에서 아주 중요한 요소라는 것을 많이 들어왔다. 금리가 오르면 대출이자 부담에 부동산 가격에 영향을 준다는 것이 일반적인 이론인데 시장 상황을 보면 꼭 그렇지만도 않다. 서울의 매매가격이 주택담보대출금리에 따라 어떤 영향이 있었는지 보자. 앞의 이론대로라면 금리가 상승했었던 2005~2008년까지 서울의 아파트 가격은 하락했어야 했다. 그런데 이때 부동산 가격은 엄청난 상승을 했다. 그리고 금리가 하락한 2009~2016년까지 부동산 가격은 상승해야 했다. 그런데 가격이 상승만 한 것은 아니었다. 이렇듯 단순히 금리와 가격만 놓고 보면 이론이 맞지 않는다는 것이다.

금리와 서울 아파트 매매가격지수 (자료: 통계청, KB부동산)

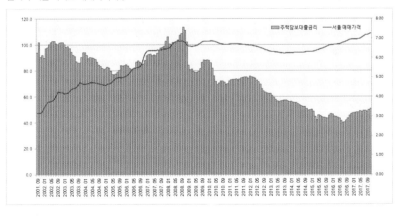

부산 아파트 매매가격과 금리와의 관계를 보자. 금리가 상승

했었던 2005~2008년까지의 부산 아파트 가격은 조정을 받고 있었다. 그리고 2009년부터 금리가 하락하면서 부산 아파트 가격은 상승했다. 금리와 부동산 가격의 상관관계가 이론대로 흘러온 부산 시장이다.

금리와 부산 아파트 매매가격지수   (자료: 통계청, KB부동산)

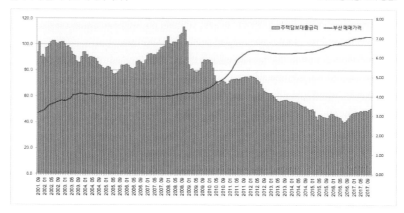

마지막으로 금리와 대전 아파트 매매가격을 비교해보자. 금리가 상승했던 2005~2008년까지 대전 아파트 가격은 하락했다. 그리고 금리가 하락했던 2009년부터 대전의 아파트 가격은 상승할 것처럼 보였지만, 더 이상 상승하지 못하고 2017년까지 조정받는 시장이 되고 있다.

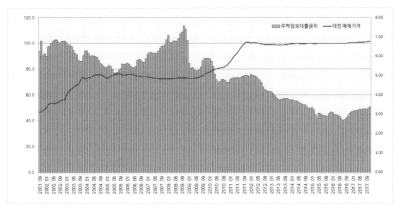

서울, 부산, 대전 시장의 상황을 보면 금리의 변화만으로 부동산 가격 변화를 가져온다고 볼 수는 없지만, 금리 상승이 대출 총량 감소로 이어지면 부동산 시장도 영향을 받게 된다. 이처럼 부동산 가격은 각 지역의 여러 가지 시장 상황에 따라 금리의 영향이 다르게 나타나기 때문에 금리의 변화만으로 시장 상황을 판단하는 것은 금물이다.

그런데 수익형 부동산 경우는 조금 다르게 생각해봐야 한다. 수익형 부동산에 투자한 사람들은 대부분 대출을 해서 부동산을 매수하고 월세 수입을 목적으로 하기 때문에 대출금리가 상승하면 수익률에 직접적으로 영향을 준다. 사람들은 수익형 부동산이라고 하면 오피스텔, 상가 임대, 원룸 임대 등을 생각하지만 아파트도 엄연한 수익형 부동산이다. 미국은 2018년 몇 차례 금리 인상을 예고하고 있다. 미국의 금리 인상은 우리나라 금리 인상에 영향을 줄 것으로 생각되는데, 대비가 되어 있지 않으면 곤란한 일을 겪을 수도 있다. 오피스텔이나 원룸 등의 수익형 부동산의 수익률에 많은 영향이 있을 것이고 아파트 월세 투자 또한 수익성이 악화될 가능성이 있다. 아파트 월세가격은 10년 전이나 지금이나 큰 변화가 없었는데, 세계적으로 저금리 기조가 이어져 왔고 정부의 전세 활성화 정책으로 월세 수요가 많이 감소했기 때문이다. 하지만 금리가 상승하게 되면 아파트 월세가격에도 변화가 생길 수 있다.

매매가격 4억 원, 전세가격 3억 원, 보증금 2,000만 원에 월세가 90만원인 아파트의 수익률을 계산해보자. 전세가격이 3억 원일 경우 전세자금 대출은 전세가격의 80%까지 대출이 된다. 3억 원의 80% 금액인 2억 4,000만 원의 대출이자를 연 3%라고 했을 때 부담해야 하는 월 이자는 약 60만 원이다(원금상환은 배제하자). 대출이자 60만 원과 월세 90만 원을 비교했을 때 사람들은 당연히 대출이자 60만 원을 부담하고 전세로 거주하게 된다. 이처럼 전세자금 대출을 전세금액의 80%까지 받을 수 있으니 월세보다는 전세 수요가 증폭된 것이다. 이런 영향으로 아파트 월세가격은 큰 변화가 없었고 수요도 많이 감소했다. 정부는 시장이 침체되어 있을 때 부동산 경기를 부양할 목적으로 전세보증금을 레버리지로 하는 갭 투자자들에게 좋은 투자 환경을 제공했다고 볼 수 있다. 월세가격이 상승되지 않는 상태에서 금리가 상승하게 되면 어떤 현상이 발생할까. 주택담보대출이 1% 상승할 경우 수익률에 어떤 변화가 있는지 사례를 통해 확인해보자.

매매가격이 4억 원인 아파트를 대출 한도 70%까지 융자받은 후 보증금 2,000만 원과 월세 100만 원인 전월세 계약을 했을 때 수익률을 계산해보자. 대출금액 2억 8,000만 원과 보증금 2,000만 원을 제외하면 실투자금은 1억 원이지만 여기에 취득비용을 포함시키면 총 1억 800만 원이 순수하게 투입된 투자금이다. 실투자금 1억 800만 원의 금액으로 아파트 월세 투자를 했을 때 금리 변동에 따라 얼마의 수익이 있는지 확인해보는 것이다.

매매금액이 4억 원인 30평형대 아파트의 월 유지비는 재산세와 수리비를 약식으로 계산했을 때 월 10만 원이라고 가정하자. 그리고 대출금액 2억 8,000만 원에 대한 월 이자를 3%로 계산했을 때 월 70만 원의 비용이 발생한다. 이때 원금 상환은 배제한다. 그리고 실투자금 1억 800만 원을 투자하지 않았다면 예금했을 것이고 예금을 했을 경우 이율을 1.5%로 가정한다면, 월 13만 5,000원인데 이 금액은 고정 지출로 포함시킨다. 이제 매월 지출로 나가는 비용을 모두 합계해보면 935,000(10만 원+70만 원+13만 5,000원)원이 발생한다. 매월 월세로 받는 금액이 120만 원이라면 그래도 남는 장사다. 그런데 만약 주택담보대출이 1% 상승해 4%로 되었다면 얘기는 달라진다. 같은 방식으로 계산해보면 대출이자가 4%일 때의 매월 지출 비용은 122만 원이 된다. 매월 월세로 들어오는 금액이 120만 원이라면 2만 원의 손해를 보면서 투자하는 것이다. 물론 이 계산 방법은 중간중간 가정이 많았기 때문에 정확하지는 않다. 하지만 금리가 상승하게 되면 아파트 월세 투자 수익률이 하락하는 것은 당연한 이치다. 따라서 금리가 상승하는 시기에는 수익률을 보전할 수 있는 대안을 가지고 있는 것이 좋다.

아파트 수익률 계산 테이블

번호	항목	주택담보대출 3% (단위, 원)	주택담보대출 4% (단위, 원)	비고
(1)	매매가격	400,000,000	400,000,000	
(2)	전세가격	310,000,000	310,000,000	전세가율 78%
(3)	전월세가격	20,000,000/ 1,200,000	20,000,000/ 1,200,000	
(4)	취득비용	8,000,000	8,000,000	취득세 법무사비
(5)	월 유지비	100,000	100,000	재산세 수리비
(6)	대출금액 (70%)	280,000,000	280,000,000	LTV 70%
(7)	월 대출 이자	700,000 (3%)	940,000 (4%)	
(8)	투자금액 (1) + (4)	408,000,000	408,000,000	
(9)	실투자금 (8)-(6)-(3)	108,000,000	108,000,000	
(10)	실투자금 월 이자 수익 (9) x 예금금리	135,000	180,000	예금금리 = 대출이율 x 1/2
(11)	(5) + (7) + (10)	935,000	1,220,000	
(12)	월세(3) - 월 비용(11)	265,000	-20,000	
(13)	월 순익	265,000 (이익금)	-20,000 (손해금)	

부동산 투자, 흐름이 정답이다

07

시장이 필요로 하는
공급량 알아보기

입주물량과 매매가격 상관관계를 분석하면서 물량에 따라 매매가격이 변하는 것을 확인했다. 물론 입주물량의 변화에 따라 즉각적으로 매매가격이 반응을 보인 것은 아니지만, 구조적으로는 수요와 공급에 따라 매매가격이 변하는 것은 기본적인 내용임이 틀림없다. 그래서 드는 의문이 있다. 과연 시장에서 필요로 하는 공급은 어느 정도 양(量)이며 또 시장에 아파트를 공급했을 때 얼마의 수요가 있는 것인지, 즉 수요 대비 적정 공급물량을 어떻게 추산하는지 궁금해진다. 여러 방면으로 찾아보니 몇 가지 추산 방법들이 현재 사용되고 있는데, 현실적으로 명확한 답을 찾기는 쉽지가 않다. 주거 환경은 계속 변하고 있으며 인구 구성 또한 변하고 있다. 게다가 모든 사람이 아파트에 거주할 수도 없기 때문에 누군가는 단독주택에 살아야 하며, 또 누군가는 연립주택과 빌라 같은 다세대 주택에 살아야 한다. 그리고 60%도 되지 않는 자가 보유율에 따라 어떤 사람들은 전세나 월세로 임대 형태의 거주를 할 수밖에는 없다. 이렇게 다양한 주거 환경 때문에 실제 시장에 공급되어야 하는 적정 공급량 추산은 쉽지가 않은 것이다. 그럼에도 불구하고 어느 정도의 기준은 필요하다고 생각하기에 자기만의 근거 있는 기준을 세우는 것이 좋다.

필자는 시장이 필요로 하는 적정 공급물량을 구할 때 매년 증가하는 가구 수와 주택 멸실 세대를 이용한다. 주택 시장에 참여하게 되는 수요는 크게 두 부류라고 생각하는데 새로 진입하는 수요와 기존 주택 시장에 참여하고 있는 기득권 수요다. 새로 진입하는 수요는 세대 분리가 되어 1인 가구가 될 수도 있고, 신혼부부처럼 2인 가구가 될 수도 있으며 더 많은 5인 가구도 될 수도 있다. 결국, 시장에 새로 진입히는 수요는 기존의 기득권 수요와 경쟁해서 주택 거주를 해야 하는데 만약 기득권 수요가 현 거주지에서 이동하지 않는다면 새로 진입하는 가구들은 거주할 집이 없게 된다. 그래서 적어도 새로 증가하는 가구 수 만큼의 주택은 시장에 공급되어야 한다고 생각한다.

통계청에서 제공하는 신혼부부 수를 참고해보면 2015년을 기준으로 이전 5년간 서울의 신혼부부는 291,341쌍이었다. 이 수치를 5년으로 나누게 되면 연평균 58,268쌍이 혼인 신고를 했다. 재혼을 제외하고 초혼으로 범위를 좁히면 수치는 더 작아진다. 이 통계 데이터를 참고해서 각 지역의 적정 공급량을 추산해도 큰 문제는 없을 것 같다.

부동산 투자, 흐름이 정답이다

(자료: 통계청)

행정구역별	2015년					
	신혼부부수(합계)		초혼		재혼	
	5년 합계	연 평균	5년 합계	연 평균	5년 합계	연 평균
전국	1,471,647	294,329	1,179,006	235,801	292,205	58,441
서울특별시	291,341	58,268	248,038	49,608	43,179	8,636
부산광역시	90,578	18,116	73,133	14,627	17,427	3,485
대구광역시	62,811	12,562	51,881	10,376	10,919	2,184
인천광역시	89,747	17,949	69,651	13,930	20,065	4,013
광주광역시	40,707	8,141	33,283	6,657	7,415	1,483
대전광역시	43,803	8,761	35,956	7,191	7,840	1,568
울산광역시	38,537	7,707	30,791	6,158	7,743	1,549
세종특별자치시	8,107	1,621	6,823	1,365	1,285	257
경기도	387,989	77,598	310,090	62,018	77,776	15,555
강원도	38,141	7,628	28,119	5,624	10,017	2,003
충청북도	43,553	8,711	33,362	6,672	10,179	2,036
충청남도	60,711	12,142	46,441	9,288	14,250	2,850
전라북도	44,982	8,996	34,101	6,820	10,866	2,173
전라남도	45,472	9,094	33,457	6,691	12,004	2,401
경상북도	70,039	14,008	54,601	10,920	15,423	3,085
경상남도	96,961	19,392	75,810	15,162	21,140	4,228
제주특별자치도	18,173	3,635	13,474	2,695	4,680	936

일부 건축물들이 도시정비사업 또는 개발 사업 등에 따라 철거 또는 멸실되기도 하는데, 건축물이 멸실됨에 따라 멸실 주택에 거주하던 사람들은 결국 이동해야 되는데 이런 사람들도 새로 시장에 진입하는 수요로 생각해야 한다. 그들은 건축물이 멸실되기 전에는 기득권 수요였지만, 기득권을 유지할 수 있었던 건축물이 철거되었기 때문에 기득권이 사라지게 된다.

따라서 증가한 가구 수와 주택 멸실 호수를 고려하면 대략 시장에 필요한 적정 공급물량을 추정할 수 있다. 물론 100%로 정확하다고 할 수는 없지만, 이 정도 기준을 세우고 수요와 공급을 분석하면 공급이 많은지 적은지 판단하는 데 도움이 된다.

적정 공급물량을 구하기에 앞서 가구 수와 주택 멸실 수 정보를 먼저 확인해야 하는데 이 지표들은 국가통계포털(통계청, http://kosis.kr)에서 데이터를 가져올 수 있다. 통계청 사이트에는 부동산 관련된 유용한 지표나 통계자료가 많이 있다.

인구에 관련된 통계자료는 '국내 통계 → 주제별 통계 → 인구·가구 → 인구 총조사 → 인구 부문' 순으로 찾아가면 전국의 인구에 관련된 통계자료를 찾을 수 있다. 가구에 관련된 자료도 인구와 같은 순으로 찾으면 된다. '국내 통계 → 주제별 통계 → 인구·가구 → 인구 총조사 → 가구 부문'. 마지막으로 주택 멸실 현황은 '국내통계 → 주제별 통계 → 건설·주택·토지 → 주택 → 주택보급률 → 주택 멸실 현황' 순으로 찾으면 된다.

통계청 인구 지표

부동산 투자, 흐름이 정답이다

통계청 가구 지표

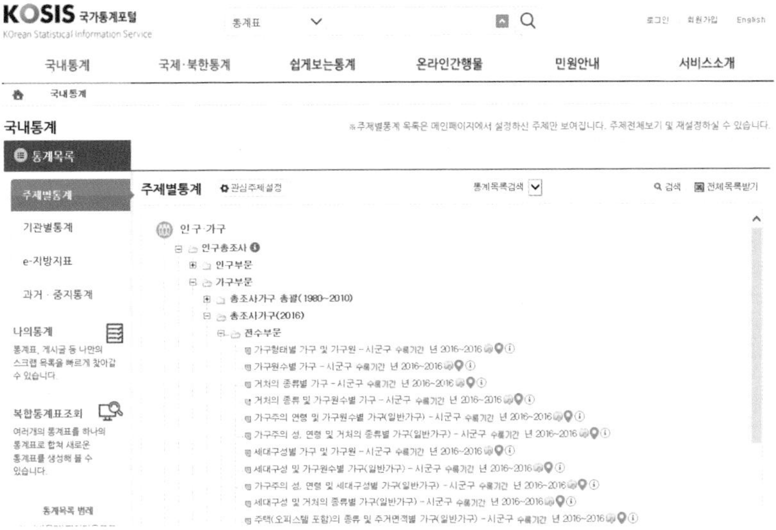

통계청 주택 멸실 현황

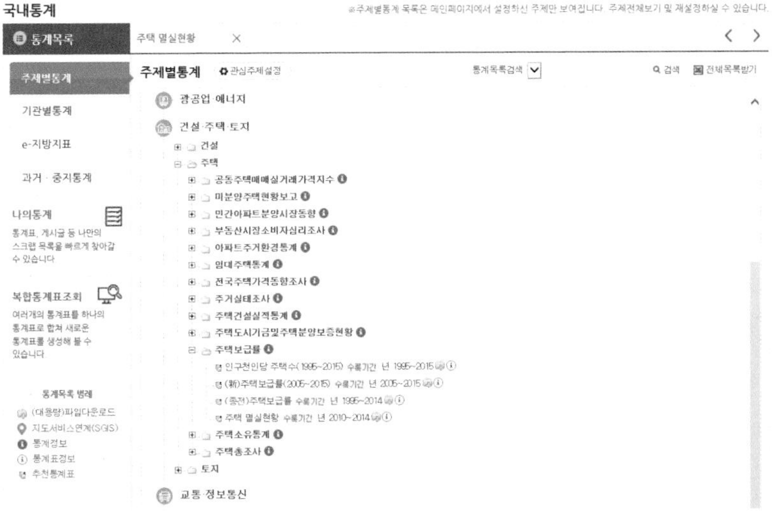

통계청은 인구와 가구 지표 데이터를 매년 제공하는 것이 아니다. 5년마다 정보를 제공하고 있기 때문에 필요한 데이터를 가져와서 평균으로 구해야 한다. 평균 데이터이기 때문에 여기서도 이미 정보의 오차가 발생하게 된다. 따라서 통계청 데이터로 확보한 정보들은 대략 감을 잡는다는 생각으로 접근해서 사용해야 한다. 서울의 가구 수로 설명해보면 서울의 2010년 가구 수는 3,504,297호였고, 2016년 가구 수는 3,915,023호였다. 이 두 수치를 평균으로 구하면 매년 58,675호가 증가했다고 추정할 수 있다. 서울의 주택 멸실은 2010~2014년까지 매년 데이터를 확인할 수 있는데, 2010년에는 12,571호, 2014년에는 21,955호로 집계되었다. 이 역시 평균을 내면 매년 약 19,480호의 주택이 멸실된다고 추정할 수 있다. 평균 증가되는 가구 수 58,675호와 수택멸실 19,480호를 더하면 78,155호라는 수치가 나오는데 이 정도의 양이 시장에 공급되어야 수급 균형이 일치한다고 생각할 수 있다. 그런데 이 수치에서 고려해야 하는 부분이 있다. 모든 사람이 다 아파트에 거주할 수는 없다는 점을 고려해야 한다. 어떤 사람들은 단독주택에 살아야 하며 또 어떤 사람들은 다른 유형의 주택에 살아야 한다. 그래서 아파트에 거주하는 비율을 고려해서 산정해야지 그 값이 아파트에 필요한 적정 공급량이라고 할 수 있다. 일반적으로 우리나라 사람들이 아파트에 거주하는 비율은 60%~70% 정도 되는 것으로 나온다. 그래서 78,155호에 70%를 고려하면 54,709호라는 결과가 나오는데 이 수치를 서울에 매년 필요한 아

부동산 투자, 흐름이 정답이다

파트의 적정 공급량이라고 생각할 수 있다.

연간 적정 공급물량 테이블

지역	증가된 가구 수 (7년 평균)	주택 멸실 수 (5년 평균)	가구 수 + 주택 멸실 수	아파트 적정 공급량 (호)	신혼 부부 수 (쌍)	최종 적정 공급량 (호)
서울	58,675	19,480	78,155	54,709	58,268	5만~6만
경기도	116,582	12,382	128,963	90,274	77,598	7만~9만
인천	23,794	3,906	27,699	19,390	17,949	만7천~만9천
부산	16,193	5,747	21,940	15,358	18,116	만5천~만8천
대구	11,022	3,452	14,474	10,132	12,562	만~만2천
대전	9,158	1,665	10,824	7,577	8,761	7천~9천
광주	8,580	2,031	10,612	7,428	8,141	7천~8천
울산	8,885	1,513	10,399	7,279	7,707	7천~8천

기타 도시도 이와 같은 방법으로 접근하면 필요한 공급량을 구할 수 있다. 인천과 경기도 같은 지역은 인구에 비해 적정공급량이 많아 보이긴 하는데 그만큼 다른 지역보다 가구 수가 많이 증가되었다는 증거다. 경기도는 서울의 수치를 더해서 보면 15만 호 정도인데 서울 인구와 경기도 인구를 합계해 생각해보면 경기도 수치가 커 보이지는 않는다. 광역시이면서도 인구가 많지 않은 대전, 광주, 울산 도시들은 적정 공급물량이 10,000호가 되지 않는다.

종합해보면 가구 수와 멸실 수를 추산해서 구한 적정 공급량과 신혼부부 수를 적절하게 타협해서 시장의 적정 공급물량이라고 기준을 세우면 될 것 같다.

　최근의 서울과 부산 같은 경우는 재개발·재건축 사업 활성화로 이주 수요가 큰 폭으로 증가하고 있다. 2017년 하반기에만 서울 강남권 이주 수요가 약 5만 가구에 달한다는 기사는 서울 재개발·재건축 이주 수요가 얼마나 많은지 보여주는 증거다. 앞에서 서울의 적정공급물량을 5만~6만호라고 했을 때 이주 수요만 5만 가구에 달하니 이 방식의 적정공급물량이 절대적이지 않다는 것이다. 따라서 앞에서 구한 적정공급물량은 참고 사항으로만 알고 있어야 한다.

　조금 더 확장해서 생각해볼 수 있는 방법은 과거의 입주물량과 매매가격 변화 차트를 통해 판단하는 것이다. 지역마다 부동산 가격이 상승했던 시점과 하락했던 시점의 입주물량이 있다. 얼마의 물량이 공급되었을 때 가격이 상승했고 하락했는지 그때의 물량을 참고하는 것도 하나의 방법이다.

Part 3

시장 흐름
변화의 시그널

Part 3

▰▰▰ 매매가격은 여러 가지 요인에 의해서 상승하거나 하락한다. 앞에서 여러 가지 요인들 중 공급량에 따른 가격변화를 중점적으로 살펴봄으로써 부동산 흐름의 기본적인 틀을 잡을 수 있었다.

부동산의 기본적인 틀을 잡으면 내가 언제 시장에 참여해야 되는지, 그리고 언제 시장에서 빠져나와야 하는지 큰 흐름을 읽을 수 있다. 기본적인 틀이 갖춰지지 않았음에도 불구하고 여러 경로를 통해서 부동산 정보를 접하게 되면 혼란스럽기만 하다. 이번 장에서 살펴보려고 하는 부동산 지표도 마찬가지다. 언제 가격이 상승하고 하락하는지 기본 개념이 잡히지 않고는 지표를 알아도 큰 도움이 되지 않는다.

부동산 시장을 불황기, 회복기, 활황기, 침체기로 구분해서 보면 시기별 지표의 변화는 분명 다르기 때문에 지표의 변화 시그널을 미리 감지하면 좋은 투자 타이밍을 잡을 수 있다. 주요 지표의 데이터를 찾는 방법과 해석하는 방법을 살펴보자.

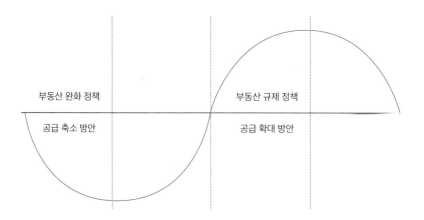

불황기	회복기	활황기	침체기
① 공급=수요	① 절대공급 부족	① 공급 증가	① 공급과잉
② 전세가격 안정	② 전세가격 상승	② 전세가격 보합	② 전세가격 하락
③ 매매가격 안정	③ 매매가격 상승	③ 매매가격 상승	③ 매매가격 하락
④ 실거주자 진입	④ 실거주자 증대	④ 투자자 증대	④ 투자자 감소

부동산 완화 정책   부동산 규제 정책

공급 축소 방안   공급 확대 방안

① 거래량 보합	① 거래량 증가	① 분양권 거래량 증가	① 거래량 감소
② 악성 미분양 증가	② 미분양 감소	② 미분양 제로 수준	② 미분양 증가
③ 전세가율 안정	③ 전세가율 상승	③ 전세가율 보합	③ 전세가율 하락
④ 매수매도 안정	④ 매수세 증가	④ 매수세 증가	④ 매도세 증가
	⑤ 개발 사업 활발	⑤ 재개발 재건축 활황	⑤ 개발 사업 위축
		⑥ 이주 수요 증가	

01

매매가격과
전세가격의 형국

■■■■■■ 침체되어 있는 시장의 매매가격이 회복되기 전 중요하게 살펴봐야 할 지표는 바로 전세가격 동향이다. 전세는 실거주 수요의 바로미터이기 때문에 전세가격에 따라서 매매가격이 변하는 포인트만 포착하면 투자 타이밍을 잡을 수 있다. 수도권 1기 신도시 아파트의 매매가격과 전세가격 변화의 형국을 보자.

고양시에 위치한 일산신도시 L아파트 31평형 매매가격은 2006년 6억 5,000만 원에서 2013년 3억 4,000만 원으로 3억 원가량이 하락했다. 그리고 2013년 이전의 전세가율은 61%로 그렇게 높지는 않았다. 하지만 2013년이 되면서 전세가격이 상승했고 전세가율은 70%에 근접했다. 그 이후로 매매가격과 전세가격이 동반 상승했다.

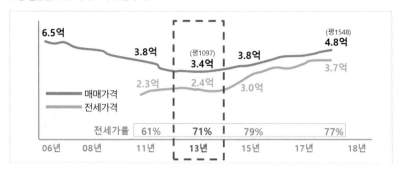

부천 중동신도시 Y아파트 가격도 2013년까지 계속 하락했고, 2013년 이후부터 전세가격이 상승하면서 전세가율도 66%까지 상승했다. 2013년 이전에 전세가율이 46%였던 점을 고려하면 상승폭이 컸다. 역시 2013년 이후 매매가격과 전세가격이 함께 상승했다.

부천 중동신도시 Y아파트 가격 변화 차트

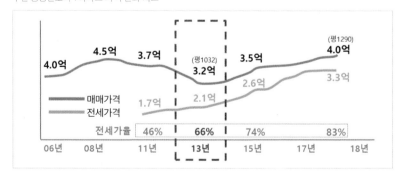

성남 분당신도시 판교역 인근 P아파트 역시 2013년을 기점으로 전세가율이 상승한 후 매매가격도 상승했는데, 2011년 46%였던 전세가율이 2013년 71%까지 상승했다.

성남 분당신도시 P아파트 가격 변화 차트

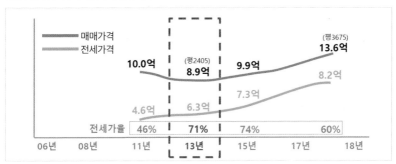

평촌신도시 L아파트 가격 변화도 앞의 다른 신도시와 크게 다를 바 없다. 2013년 전세가율이 67%에 도달한 후 매매가격과 전세가격이 2017년까지 상승하고 있다.

안양 평촌신도시 L아파트 가격 변화 차트트

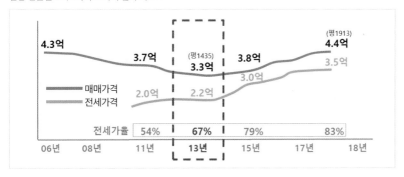

4개 지역 아파트의 매매가격과 전세가격 변화는 큰 차이 없이 유사한 흐름의 모습을 볼 수 있다. 핵심 포인트는 전세가율의 상승이다. 입주물량이 감소하면 매매가격은 시차를 두고 상승한다는 것을 앞에서 살펴봤다. 입주물량이 감소하면 시장에 먼저 반응을 보이는 수요는 전세수요다.

쉽게 생각해보자. 결혼을 앞둔 A부부는 신혼집을 구하려고 많은 지역을 다니긴 했지만, 부동산 경기가 좋지 못해서 집을 사려는 것이 고민이었다. 아파트 가격이 하락하고 있는데 집을 샀다가 괜히 집값이 더 내려가지 않을까 걱정이 되어 전셋집을 구하기로 결정했고 오래된 아파트가 아닌 신축 아파트의 전세를 구했다. A부부 때문에 시장에 풀려 있는 신축 아파트의 전세 매물 하나가 소진되는 셈이다.

결혼을 앞둔 또 다른 B부부는 여러 가지 이유로 교통이 편리한 역세권 아파트의 전세를 구해서 신혼살림을 차리기로 했다. 그들이 계약한 아파트는 구축아파트였지만 교통이 좋아서 살기는 편했다. B부부가 계약한 집은 기존에 전세 임차인 C가 거주하고 있었는데 임차인 C는 새 아파트로 갈 예정이었다. C임차인은 신축아파트를 매수하려고 계획했지만, 아파트 가격이 하락하는 것이 겁나서 이번에도 전세로 들어갔다. C에 의해서 신축아파트의 전세 매물 하나가 또 이렇게 소진되었다.

그런데 신축 전세 아파트를 찾는 경우가 한두 가구가 아니라 수백, 수천 가구이면 어떻게 될까? 거기다 신축 아파트의 수량이 점점 줄어들고 있으면 또 어떻게 될까? A, B부부처럼 시장에 새로 진입하는 수요뿐만 아니라 C임차인 같이 새로운 집을 찾으려는 기득권 수요도 가세하면 신축아파트의 인기는 증가하게 되고 짧은 시간에 전세 매물은 시장에서 소진하게 되어 자취를 감춰버린다. 게다가 입주물량까지 감소하게 되면 증가되는 수요를 감당하기가 어려워진다. 이런 현상으로 울며 겨자 먹기 식으로 구축아파트 전세 매물도 시장에서 자취를 감추게 된다. 시장에서 전세 매물이 없어지면 이 또한 수요와 공급 법칙에 의해 전세 가격은 상승하기 시작해 매매가격에 근접한 가격이 된다. 그래서 입주물량이 부족해지면 전세가율은 높아지게 된다.

다시 생각해보자. D부부는 자금 부족으로 내 집 장만이 어려워 전세를 구해서 신혼집을 차리려고 한다. 그런데 여러 중개업소에 가서 물어봐도 전세 구하기가 하늘의 별 따기다. 게다가 전세 가격도 많이 상승해 이제는 매매가격에 비슷한 가격이 되었다. 몇 천만 원만 더 마련하면 어떻게 집을 살 수도 있다는 생각과 지금 집을 사지 않으면 가격이 더 오를 것 같다는 생각에 대출을 해서 집을 사기로 결정했다.

그런데 이렇게 집을 사는 경우가 한두 가구가 아니라 수백 수천 가구면 어떻게 될까? 전세 수요가 갑자기 매매 수요로 둔갑하게 되면서 공급이 부족한 시장은 매매가격이 상승할 수밖에 없게 된다.

시기에 따라 지역에 따라 조금은 다르지만 매매 시장이 좋지 못해 분위기가 완전히 침체되어 있는 지역에서는 전세가격이 매매가격보다 500만 원 싸게 나와도 집을 사지 않으려고 한다. 물론 시장이 좋을 때는 전세가격에 수천만 원을 더 지불해야 살 수 있는 집을 사기도 한다. 이처럼 사람들의 심리가 시장 상황에 따라 극과 극을 보여주곤 한다. 이처럼 전세가격과 매매가격은 밀접한 관계가 있기 때문에 전세 관련 지표의 흐름은 반드시 확인해야 한다.

매매가격지수와 전세가격지수는 KB부동산(http://nland.kbstar.com)의 시계열 자료 데이터를 사용해서 참고하면 된다. KB부동산에서 시계열 자료를 찾는 방법은 앞에서 설명했다. 월간 KB주택 동향 자료나 주간 KB주택 동향 자료 중 본인이 선택해서 사용하면 된다.

다음 그림의 아파트 매매가격지수 하단의 '매매 APT'와 '전세 APT' 중 찾고자 하는 지역의 데이터를 추출해 두 지표를 차트로 만들어보면 된다.

월간 KB부동산 주택동향 - 매매가격지수 & 전세가격지수

아파트 매매가격지수 Apartment purchase price indices (2015.12=100.0)

구분 Classification	전국 Total	서울 Seoul	강북 Northern seoul	강북구 Gangbuk- gu	광진구 Gwangjin- gu	노원구 Nowon-gu	도봉구 Dobong- gu	동대문구 Dongdaem un-gu	마포구 Mapo-gu	서대문구 Seodaemu n-gu	성동구 Seongdon g-gu	성북구 Seongbuk- gu	용산구 Yongsan- gu	은평구 Eunpyeon g-gu	종로구 Jongno-gu	중구 Jung-gu	중랑구 Jungnang- gu	강남 Southern Seoul	강남구 Gangnam- gu	강동구 Gangdong -gu	강서구 Gangseo- gu	관악구 Gwanak- gu
2015.3	96.0	95.4	95.9	95.8	97.1	95.6	95.8	96.3	95.8	96.6	95.5	93.9	97.7	96.8	98.4	97.2	96.8	95.0	94.7	95.7	94.0	95.7
2015.4	96.5	96.0	96.4	96.1	97.4	96.2	96.0	96.7	96.4	97.1	96.0	94.5	98.1	97.3	98.7	97.5	97.2	95.6	95.1	96.5	94.8	96.1
2015.5	97.0	96.3	96.7	96.4	97.6	96.4	96.3	97.1	96.7	97.4	96.2	95.1	98.3	97.7	97.6	97.9	95.6	97.0	95.6	97.0	95.3	96.6
2015.6	97.5	96.8	97.1	96.8	97.8	96.7	96.6	97.6	97.2	97.8	96.5	95.7	98.6	97.9	98.9	98.2	97.9	96.6	96.4	97.5	96.0	97.0
2015.7	97.9	97.3	97.5	97.2	98.4	97.0	97.2	98.1	97.8	98.1	96.9	96.2	98.9	98.0	99.1	98.5	98.3	97.1	96.9	98.1	96.7	97.6
2015.8	98.4	97.8	97.9	97.7	99.0	97.6	97.7	98.5	98.1	98.6	97.4	96.9	99.1	98.4	99.3	98.6	97.7	97.8	97.7	98.7	97.3	98.2
2015.9	98.8	98.5	98.6	98.5	99.3	98.4	98.6	98.7	98.6	99.0	98.2	98.1	99.3	98.9	99.5	99.3	99.0	98.4	98.4	99.2	98.1	98.8
2015.10	99.3	99.0	99.1	99.1	99.5	99.0	99.3	99.2	99.0	99.3	98.7	98.8	99.7	99.5	99.7	99.3	98.9	99.0	99.1	99.6	98.8	99.2
2015.11	99.8	99.7	99.7	99.8	99.7	99.7	99.7	99.7	99.5	99.6	99.6	99.4	99.9	99.7	99.8	100.0	99.8	99.7	99.8	99.8	99.7	99.7
2015.12	100.0	100.0	100.0	100.0	100.0	100.0	100.0	100.0	100.0	100.0	100.0	100.0	100.0	100.0	100.0	100.0	100.0	100.0	100.0	100.0	100.0	100.0
2016.1	100.1	100.1	100.1	100.0	100.2	100.0	100.1	100.2	100.2	100.1	100.1	100.0	100.0	100.1	100.1	100.2	100.1	99.9	100.0	100.1	100.0	100.2
2016.2	100.2	100.3	100.3	100.5	100.2	100.2	100.2	100.5	100.3	100.3	100.2	100.1	100.3	100.2	100.2	100.3	100.2	100.2	100.2	100.2	100.2	100.4
2016.3	100.2	100.3	100.4	100.4	100.4	100.3	100.2	100.6	100.7	100.4	100.3	100.3	100.3	100.4	100.2	100.3	100.3	99.9	100.2	100.2	100.2	100.7
2016.4	100.2	100.5	100.5	100.5	100.7	100.5	100.2	100.7	101.0	100.7	100.4	100.5	100.3	100.7	100.4	100.3	100.4	100.1	100.4	100.5	100.3	100.7
2016.5	100.7	100.7	100.7	100.7	100.9	100.7	100.3	101.0	101.2	100.6	100.7	100.6	100.7	100.5	100.9	100.6	100.8	100.4	100.6	100.8	100.5	100.9
2016.6	100.4	101.1	101.0	100.9	101.2	100.8	100.6	101.3	101.9	101.5	100.9	100.8	101.0	101.1	100.5	100.9	100.6	101.2	101.4	101.0	101.3	101.2
2016.7	100.5	101.7	101.4	101.1	101.3	101.1	101.5	101.6	102.2	102.0	101.4	101.2	101.6	101.0	100.9	101.1	100.7	101.9	102.3	101.5	101.9	101.8
2016.8	100.7	102.3	101.9	101.5	102.2	101.7	101.3	101.9	103.2	102.5	102.0	101.7	102.3	102.0	101.2	101.5	101.0	102.6	103.1	101.9	102.4	102.3
2016.9	100.8	103.2	102.5	102.1	102.5	102.1	101.5	102.2	103.9	102.9	102.2	102.1	102.9	102.3	101.3	101.3	101.1	103.1	103.8	102.3	102.8	102.7
2016.10	101.1	103.4	102.8	102.4	102.8	102.8	101.8	103.0	104.4	103.7	102.9	102.8	103.5	102.9	101.7	102.2	101.7	104.0	104.9	103.1	103.6	103.2
2016.11	101.4	103.5	103.0	103.4	103.4	103.4	102.4	103.7	104.6	103.9	103.3	104.0	102.0	102.9	100.5	104.6	105.4	103.8	104.1	103.5		

◄ ► ►│ 전세연립 증감 / 매매종합 / 매매APT, Sheet1 , Sheet2 / 매도평 / 매매동향 / 매매연립 / 전세종합 / 전세APT / 전세동향 / 전세여

서울 성북구와 성남 분당구 데이터를 차트로 만들어보면, 2013년 하반기부터 전세가격은 매매가격에 근접해지고 있다. 이런 시그널이 추후 매매가격 상승을 불러올 확률이 높은 지역이다. 이런 지역을 찾으려면 평소에도 관심을 가지고 꾸준히 지켜봐야한다. 특히 입주물량이 추세적으로 감소하는 지역은 더더욱 매매가격지수와 전세가격지수의 추세를 함께 확인해야 한다.

서울 성북구 매매가격 & 전세가격지수

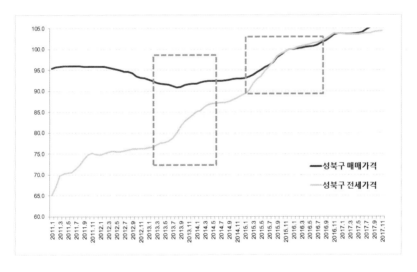

매매가격지수, 전세가격지수와 함께 지속적으로 확인해야 할 지표는 주간 가격 변화 지표다. 전주 대비 매매가격이 몇 % 상승했다든지, 전세가격이 전주 대비 몇 % 하락했다든지 등의 기사를

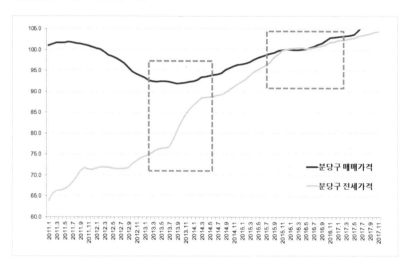

들어봤던 적이 있을 것이다. 주간 가격 변화를 언론을 통해 접하지 않고 내가 직접 확인할 수 있는 방법이 주간 가격 지표다. KB부동산에서는 "아파트 매매가격 증감률"과 "아파트 전세가격 증감률"이라는 명칭으로 데이터를 제공하고 있다.

KB부동산 주간 동향자료의 아파트 매매가격 증감률과 전세가격 증감률은 전주 대비 가격의 변화율을 보여주는 지표인데 친절하게도 KB부동산에서 가격 변화를 색깔처리를 해서 제공한다. 상승했을 때는 주황색, 하락했을 때는 파란색 칼라로 음영을 다르게 해서 제공하고 있다. 0.05% 상승, 0.25% 상승, 0.45% 상승 별로 색깔 음영 밝기를 구별해 보여준다. 색깔이 진할수록 추세가 강하다는 의미다. 주간 가격 변화율을 꾸준히 모니터링해서 색깔의 변

화가 전환되는 시점을 지켜보면 시장의 흐름을 파악하는 데 도움
이 된다. 매매가격 증감률이나 전세가격 증감률은 현장에 가지 않
고서도 전국의 대부분 지역의 가격 동향을 확인해볼 수 있기 때문
에 자주 보는 것이 좋다.

아파트 주간 매매가격 증감률 (전주 대비 : %)

구분 Classification	전국 Total	서울 Seoul	강북 Northern seoul	강북구 Gangbuk-gu	광진구 Gwangjin-gu	노원구 Nowon-gu	도봉구 Dobong-gu	동대문구 Dongdaemun-gu	마포구 Mapo-gu	서대문구 Seodaemun-gu	성동구 Seongdong-gu	성북구 Seongbuk-gu	용산구 Yongsan-gu	은평구 Eunpyeong-gu	종로구 Jongno-gu	중구 Jung-gu	중랑구 Jungnang-gu
10.13	-0.08	-0.16	-0.04	0.00	-0.05	-0.03	-0.10	0.00	-0.18	0.05	0.00	-0.05	-0.03	-0.02	0.00	-0.04	-0.01
10.20	-0.13	-0.20	-0.09	-0.03	-0.35	-0.07	-0.09	0.00	-0.28	0.00	-0.02	-0.02	-0.39	0.02	-0.01	-0.16	-0.03
10.27	-0.16	-0.25	-0.15	-0.06	-0.22	-0.23	-0.24	-0.01	-0.05	-0.20	-0.06	-0.07	-0.19	-0.08	0.07	-0.44	-0.04
11.3	-0.12	-0.21	-0.07	0.00	-0.15	-0.06	-0.07	0.00	-0.30	-0.01	-0.03	0.00	-0.39	-0.07	0.00	0.00	-0.01
11.10	-0.12	-0.19	-0.13	-0.01	-0.32	-0.22	-0.15	0.00	0.00	-0.10	-0.02	-0.22	-0.12	0.00	0.00	-0.01	0.00
11.17	-0.13	-0.28	-0.23	-0.01	-0.63	-0.41	-0.33	-0.03	-0.11	0.00	-0.23	-0.07	-0.34	-0.03	-0.05	0.00	0.00
11.24	-0.16	-0.29	-0.23	-0.29	-0.23	-0.42	-0.33	-0.03	-0.22	0.00	-0.05	-0.14	-0.27	-0.04	-0.05	0.00	-0.09
12.1	-0.17	-0.29	-0.18	-0.06	-0.42	-0.26	-0.06	-0.03	-0.45	-0.12	-0.14	-0.05	-0.51	-0.13	-0.06	0.00	-0.01
12.8	-0.21	-0.42	-0.31	-1.18	-1.13	-0.30	-0.17	-0.11	-0.26	-0.02	-0.31	-0.25	-0.36	-0.10	-0.16	-0.33	-0.30
12.15	-0.20	-0.36	-0.31	-0.22	-1.24	-0.29	-0.29	-0.27	-0.61	-0.23	-0.16	-0.16	-0.66	-0.11	-0.15	-0.52	0.00
12.22	-0.24	-0.43	-0.31	-0.01	-0.34	-0.69	-0.08	-0.01	-0.45	-0.16	-0.06	-0.10	-0.47	-0.04	-0.09	-0.01	0.00
1.19	-0.10	-0.05	-0.12	-0.42	0.07	-0.19	-0.04	-0.01	-0.09	-0.01	-0.15	-0.32	-0.22	-0.05	0.00	0.48	-0.01
2.2	-0.09	0.00	-0.16	0.00	-0.42	-0.30	-0.19	-0.07	-0.14	-0.19	-0.15	-0.02	0.09	0.04	-0.14	0.00	-0.07
2.9	-0.07	-0.13	-0.27	-0.09	0.06	-0.76	-0.26	-0.21	0.05	-0.05	0.00	-0.15	0.00	-0.04	0.07	-0.09	
3.2	-0.07	-0.08	-0.11	0.00	0.17	0.00	-0.89	0.00	-0.04	0.00	-0.01	-0.08	-0.06	-0.15	0.17	0.07	-0.05
3.9	-0.08	-0.09	-0.09	-0.41	0.00	-0.10	-0.18	0.01	0.01	-0.03	-0.03	-0.11	-0.15	-0.07	0.00	0.00	-0.15
3.16	-0.05	-0.09	-0.15	-0.28	0.00	-0.20	-0.58	0.00	-0.05	-0.01	0.01	-0.08	-0.13	-0.09	0.00	0.00	-0.03
7.6	0.11	0.29	0.21	0.00	0.18	0.50	0.45	0.02	0.00	0.02	0.00	0.08	-0.01	0.05	-0.09	0.15	0.00
7.13	0.08	0.15	0.09	0.08	0.08	0.14	0.08	0.00	0.40	-0.04	0.00	0.05	0.13	0.03	0.05	0.00	0.01
7.20	0.06	0.11	0.09	-0.12	0.05	0.19	0.24	-0.07	0.15	0.00	0.05	0.00	0.09	-0.01	0.07	0.00	0.02
7.27	0.08	0.11	0.08	-0.03	0.06	0.10	0.06	0.00	0.31	0.03	0.09	0.15	0.03	-0.12	0.00	0.00	0.00
8.3	0.06	0.08	0.07	0.20	0.12	0.17	0.07	-0.01	0.00	0.07	0.00	-0.01	0.10	0.08	0.00	0.00	0.00
8.10	0.12	0.21	0.15	0.35	0.14	0.16	0.31	0.13	0.22	0.04	0.00	0.15	0.05	0.04	0.02	0.00	0.16
8.17	0.13	0.18	0.14	0.27	0.08	0.15	0.14	0.28	0.24	0.00	0.15	0.11	0.13	0.09	0.01	0.14	0.01
8.24	0.16	0.26	0.19	0.02	0.20	0.19	0.12	0.53	0.13	0.44	0.02	0.31	0.12	0.10	0.00	0.35	0.07
8.31	0.19	0.34	0.26	0.03	0.43	0.35	0.51	0.24	0.31	0.09	0.17	0.16	0.31	0.04	0.15	0.18	0.02
9.7	0.18	0.23	0.18	0.05	0.00	0.23	0.13	0.12	0.17	0.53	0.03	0.20	0.10	0.20	0.85	0.26	0.05

아파트 주간 전세가격 증감률   (전주 대비 : %)

구분 Classification	전국 Total	서울 Seoul	강북 Northern seoul	강북구 Gangbuk-gu	광진구 Gwangjin-gu	노원구 Nowon-gu	도봉구 Dobong-gu	동대문구 Dongdaemun-gu	마포구 Mapo-gu	서대문구 Seodaemun-gu	성동구 Seongdong-gu	성북구 Seongbuk-gu	용산구 Yongsan-gu	은평구 Eunpyeong-gu	종로구 Jongno-gu	중구 Jung-gu	중랑구 Jungnang-gu
10.20	-0.06	-0.18	-0.13	0.00	-1.00	-0.06	-0.01	0.00	0.04	-0.16	-0.16	0.05	-0.39	-0.11	0.00	-0.40	-0.37
10.27	-0.12	-0.28	-0.23	0.00	-0.62	-0.21	-0.31	-0.06	-0.17	-0.35	-0.64	-0.06	0.00	-0.11	0.12	-0.70	-0.07
11.3	-0.09	-0.21	-0.13	0.00	-0.16	-0.10	-0.16	-0.11	-0.45	-0.14	0.00	-0.12	-0.04	-0.70	0.46	0.00	-0.05
11.10	-0.14	-0.32	-0.21	-0.02	-0.44	-0.15	-0.16	-0.08	-0.25	-1.00	-0.23	-0.40	0.05	-0.13	0.00	0.00	-0.02
11.17	-0.17	-0.33	-0.29	-0.08	-0.69	-0.10	-0.64	-0.26	-0.39	-0.30	-0.41	-0.13	-0.73	-0.31	0.00	-0.03	-0.23
11.24	-0.25	-0.44	-0.32	-0.16	-0.47	-0.41	-0.38	-0.15	-0.40	-0.24	-0.12	-0.46	-0.37	-0.29	-0.16	0.00	-0.35
12.1	-0.26	-0.55	-0.50	-0.18	-0.89	-0.35	-0.23	-0.34	-1.30	-0.84	-0.48	-0.77	-0.91	-0.48	0.00	0.00	-0.35
12.8	-0.33	-0.70	-0.65	-0.44	-2.22	-0.32	-1.00	-0.36	-1.15	-0.52	-0.89	-0.27	-0.36	-1.17	-0.34	-0.61	-0.65
12.15	-0.37	-0.69	-0.68	-0.35	-2.42	-0.64	-0.68	-0.64	-0.72	-1.54	-0.43	-0.13	-1.32	-0.11	-0.22	-1.06	-0.22
12.22	-0.40	-0.64	-0.45	0.00	-0.43	-0.52	-0.49	-0.29	-0.93	-0.69	-0.64	-0.15	-0.48	-0.04	-0.24	-0.74	-0.14
12.29	-0.27	-0.42	-0.37	-0.09	-0.75	-0.25	-0.22	-0.30	-0.45	0.90	0.54	-0.59	-0.02	-0.75	-0.17	-0.23	-0.28
'09.1.5	-0.29	-0.42	-0.38	-0.53	-0.20	-0.31	-0.33	-0.49	-0.35	-0.46	-0.35	-0.52	-0.16	-0.61	-0.13	-0.86	-0.20
1.12	-0.26	-0.21	-0.30	-0.21	-0.15	-0.32	-0.70	-0.17	-0.25	-0.34	-0.15	-0.17	-0.20	0.00	0.00	0.00	-0.44
1.19	-0.16	-0.16	-0.24	-0.64	0.32	-0.38	-0.13	-0.30	0.01	0.00	-0.15	-0.66	-0.39	-0.16	0.00	0.00	0.00
2.23	0.02	0.15	0.06	0.00	0.76	-0.11	0.07	0.29	0.20	0.04	0.24	0.00	-0.05	-0.30	0.00	0.08	0.10
3.2	0.08	0.27	0.16	0.00	0.70	0.38	-0.50	0.22	0.20	0.08	-0.03	0.81	0.07	0.15	0.15	0.06	-0.09
3.9	0.04	0.10	0.01	-0.01	0.08	-0.03	0.14	0.23	0.09	-0.17	0.10	0.02	-0.36	0.00	-0.10	0.00	-0.15
3.16	0.06	0.15	0.02	-0.12	0.20	0.01	-0.35	0.56	0.16	0.05	0.14	-0.03	-0.01	-0.28	0.00	0.00	0.02
6.29	0.10	0.21	0.12	0.01	0.29	0.12	0.15	0.00	0.11	0.06	0.00	0.00	0.60	0.55	0.00	0.27	0.00
7.20	0.12	0.16	0.12	-0.09	0.32	0.13	0.19	0.03	0.32	0.00	0.00	0.01	0.06	0.32	0.00	0.67	0.00
7.27	0.13	0.21	0.20	0.11	0.21	0.23	0.30	0.17	0.44	0.19	0.24	0.15	0.00	0.00	0.12	0.09	0.00
8.3	0.11	0.21	0.14	0.00	0.41	0.10	0.00	0.34	0.06	-0.02	0.00	0.10	0.08	0.79	0.49	0.72	0.00
8.10	0.22	0.37	0.34	0.69	0.57	0.26	0.50	0.00	0.63	0.28	0.05	0.19	0.26	0.51	0.00	0.29	0.28
8.17	0.28	0.33	0.34	0.44	0.09	0.44	0.68	0.00	0.45	0.54	0.04	0.14	0.47	0.45	0.29	0.49	0.05
9.7	0.41	0.51	0.47	0.05	0.29	0.66	0.21	0.66	0.50	0.58	0.13	0.81	0.41	0.20	0.57	0.10	0.42
9.14	0.33	0.51	0.42	0.23	0.14	0.79	0.03	0.00	0.19	0.07	0.21	0.87	0.50	0.33	0.52	0.00	0.69
10.12	0.19	0.28	0.31	0.42	0.24	0.44	0.51	0.12	0.79	0.12	0.02	0.06	0.12	0.26	0.44	0.08	0.09
10.19	0.25	0.34	0.35	0.77	0.83	0.39	0.35	0.46	0.00	0.21	0.02	0.04	0.07	0.74	0.02	0.42	0.00

아파트 매매가격 증감률 차트

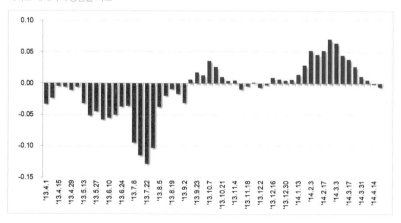

부동산 투자, 흐름이 정답이다

02

실수요 현황의 바로미터, 전세 지표

▇▇▇▇ 전세 관련 지표는 시장의 실수요 흐름을 파악하기 위해서 상당히 중요한 지표다. 매매 시장이 움직이기 전에 전세 시장에서 시그널을 미리 보내주기 때문에 전세 시장 동향은 항상 주시하고 있어야 한다. 전세지표에는 전세가율, 전세수급지수, 전세거래지수 등이 있는데 전세가율 지표는 뒤에서 따로 살펴보자.

전세수급지수와 전세거래지수는 월간 KB주택 동향과 주간 KB주택 동향에서 확인이 가능한데 시장 상황을 발 빠르게 확인하기 위해서 주간 단위의 지수를 확인하는 것이 좋다. 전세수급지수는 부동산 시장에 전세를 찾는 수요가 어느 정도인지 확인이 가능한 지표다. 수급지수가 높으면 전세수요가 많고, 지수가 낮으면 전세수요가 적다는 의미다. KB부동산에서 제공하는 전세수급 지수는 0~200 범위 이내이며 지수가 100을 초과할수록 '공급 부족' 비중이 높다. 2013년과 2015년 서울 전세수급지수는 200에 근접했었고, 부산은 2010년에 지수가 200에 근접했었다. 이때는 매매 가격이 상승했던 시기였기에 매매가격이 높은 시기에 전세수급지수가 높은 것이다.

그런데 서울 전세수급지수는 2015년 하반기부터 계속 하락했고 2017년 하반기에는 지수가 160 이하로 떨어졌다. 반면 매매가격은 2017년에도 계속 상승하고 있다. 현재 서울의 매매가격은 전세 수요에 의해서 가격이 상승하고 있는 것이 아니라는 의미다. 부산은 2017년 전세수급지수가 100까지 하락한 것을 볼 수 있는데, 부산의 부동산 경기가 좋지 못함을 말해주고 있다. 지역별 데이터를 확인할 때 기억해야 할 것은 매매가격이 상승했을 때의 전세수급지수와 매매가격이 하락했을 때 전세수급지수다. 이처럼 가격이 변한 특정 지수를 기억해야 하는 이유는 지수의 추이를 지켜보고 매수 타이밍과 매도 타이밍을 잡아야 하기 때문이다.

아파트 전세수급지수 차트

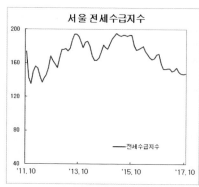
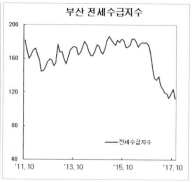

부동산 투자, 흐름이 정답이다

전세수급지수

	전국 Total			서울 Seoul			강북 Northern seoul			강남 Southern Seoul			부산 Busan			대구 Daegu		
	수요>공급	수요<공급	전세수급지수	수요>공급	수요<공급	전세수급지수	수요>공급	수요<공급	전세수급지수	수요>공급	수요<공급	전세수급지수	수요>공급	수요<공급	전세수급지수	수요>공급	수요<공급	전세수급지수
	Demand > Supply	Demand < Supply	Jeonse Demand & Supply Index	Demand > Supply	Demand < Supply	Jeonse Demand & Supply Index	Demand > Supply	Demand < Supply	Jeonse Demand & Supply Index	Demand > Supply	Demand < Supply	Jeonse Demand & Supply Index	Demand > Supply	Demand < Supply	Jeonse Demand & Supply Index	Demand > Supply	Demand < Supply	Jeonse Demand & Supply Index
7.10	48.8	14.0	134.8	54.6	5.6	149.0	57.7	6.3	151.4	50.9	4.8	146.1	41.0	29.3	111.7	46.7	13.5	133.2
7.17	48.3	14.8	133.5	57.0	7.6	149.4	57.3	9.9	147.3	56.7	4.9	151.8	32.1	33.1	99.0	39.5	11.4	128.1
7.24	48.2	14.5	133.7	55.6	8.0	147.6	56.0	10.0	146.0	55.2	5.7	149.5	34.1	27.2	106.9	39.5	13.7	125.8
7.31	48.5	12.9	135.6	56.8	8.0	148.8	58.0	9.3	148.7	55.3	6.5	148.9	35.1	23.0	112.1	40.7	14.0	126.6
8.7	48.3	12.5	135.8	54.9	7.0	147.9	55.3	6.0	149.3	54.6	8.2	146.3	34.4	23.5	110.9	44.0	12.8	131.2
8.14	46.0	13.9	132.1	53.1	7.6	145.5	53.8	8.1	145.7	52.3	7.1	145.3	34.4	25.6	108.8	37.5	15.2	122.2
8.21	48.8	14.0	134.8	55.0	7.8	147.2	53.7	9.9	143.9	56.5	5.3	151.2	32.0	27.6	104.4	41.1	7.8	133.2
8.28	49.1	12.9	136.1	57.6	9.0	148.5	55.4	10.3	145.1	60.1	7.6	152.5	34.2	21.3	112.9	40.1	10.9	129.2
9.4	49.6	13.8	135.8	56.6	8.9	147.7	54.1	10.7	143.5	59.5	6.8	152.7	36.2	20.0	116.2	43.7	9.5	134.2
9.11	49.5	13.4	136.1	53.8	8.5	145.4	49.3	9.8	139.5	59.2	6.9	152.3	37.1	23.2	113.9	39.9	10.6	129.3
9.18	50.3	13.9	136.4	54.7	8.4	146.3	51.9	10.9	141.0	58.0	5.4	152.6	39.7	22.2	117.5	45.2	11.3	133.9
9.25	49.3	14.4	134.9	55.2	8.2	147.1	51.0	9.1	141.9	60.2	7.0	153.2	37.4	24.5	112.9	44.4	7.7	136.7
10.9	48.4	14.0	134.4	51.6	9.9	141.8	46.7	13.2	133.6	57.4	6.0	151.4	38.7	21.8	116.9	42.2	7.7	134.5
10.16	48.9	14.2	134.7	54.1	7.9	146.2	52.7	8.9	143.8	55.8	6.7	149.1	38.9	20.7	118.3	42.7	10.4	132.3
10.23	46.5	14.9	131.5	51.9	10.0	141.9	49.9	11.1	138.8	54.2	8.7	145.5	35.3	22.1	113.2	39.9	12.7	127.2
10.30	46.0	16.8	129.1	52.6	10.7	142.0	51.3	12.0	139.4	54.1	9.1	145.0	34.5	28.3	106.2	34.9	6.9	128.0
11.6	42.9	17.2	125.7	48.5	11.3	137.2	45.8	12.0	133.8	51.7	10.5	141.2	32.5	24.3	108.2	34.3	9.6	124.7
11.13	41.0	19.7	121.2	46.9	13.0	133.8	45.3	14.1	131.2	48.8	11.7	137.0	34.6	26.9	107.8	38.7	8.3	130.4
11.20	40.2	20.3	119.9	46.0	13.9	132.1	44.1	13.9	130.2	48.3	13.9	134.4	33.6	27.0	106.7	29.9	6.4	123.4
11.27	38.7	20.7	118.1	47.2	12.1	135.1	44.5	11.2	133.6	48.1	11.2	136.8	29.1	26.5	102.6	23.7	8.7	115.0
12.4	36.1	22.7	113.5	46.9	11.6	135.3	46.0	11.4	134.6	48.0	12.0	136.0	26.9	28.6	98.3	23.7	8.7	115.0
12.11	36.0	22.9	113.2	45.0	13.5	131.5	44.5	13.3	131.2	45.6	13.7	131.8	27.9	30.5	97.4	27.0	12.7	114.2
12.18	35.2	24.0	111.2	45.1	13.6	131.6	41.0	12.8	128.1	50.0	14.4	135.6	26.5	28.1	98.4	30.9	13.4	117.5
12.25	34.8	21.6	113.2	43.7	12.6	131.1	41.1	12.5	128.6	46.7	12.7	134.1	23.3	22.7	100.6	21.7	12.3	109.4

주) 전세수급지수 = 100 + '공급부족'비중 - '공급충분'비중 (조사항목: 공급부족, 적정, 공급충분)
- 전세수급지수는 0~200 범위 이내이며 지수가 100을 초과할수록 '공급부족' 비중이 높음

전세거래현황도 전세수급지수와 유사한 개념으로 접근하면 된다. 전세거래지수 또한 KB부동산에서 차트를 제공하고 있다. 전세거래지수는 0~200 범위 이내이며 지수가 100을 초과할수록 '활발함' 비중이 높다. 지수가 높으면 높을수록 시장의 전세거래가 많다는 의미다. 서울과 부산이 전세거래현황지수가 40 이상을 넘지 못하고 있으니 전세거래가 활발하지 않다는 의미다. 부산의 전세거래지수가 10 이하로 떨어졌는데 사실상 전세거래가 실종되었다고 보면 된다.

전세 거래 동향
Sensitivity on the jeonse transaction by region

	전국 Total			서울 Seoul			강북 Northern Seoul			강남 Southern Seoul		
	활발함 Active	한산함 Inactive	전세거래지수 Jeonse Transaction Index	활발함 Active	한산함 Inactive	전세거래지수 Jeonse Transaction Index	활발함 Active	한산함 Inactive	전세거래지수 Jeonse Transaction Index	활발함 Active	한산함 Inactive	전세거래지수 Jeonse Transaction Index
'16.1	2.0	84.1	17.9	2.5	79.0	23.4	2.3	78.5	23.8	2.6	79.6	23.1
2	2.2	81.9	20.4	2.3	79.3	23.0	2.2	77.1	25.1	2.3	81.5	20.8
3	1.9	80.9	21.1	2.1	79.2	22.9	1.7	77.5	24.2	2.4	80.9	21.6
4	1.4	83.7	17.7	1.5	79.4	22.1	1.4	78.6	22.8	1.6	80.2	21.4
5	1.4	82.7	18.7	1.9	78.3	23.6	1.7	77.7	23.9	2.2	78.9	23.3
6	1.5	81.4	20.1	2.5	73.9	28.6	1.7	72.0	29.7	3.3	75.8	27.5
7	1.7	80.9	20.7	2.0	73.7	28.3	1.8	73.9	27.9	2.2	73.5	28.7
8	1.7	80.9	20.8	2.1	75.9	26.2	1.8	76.9	24.9	2.3	74.9	27.5
9	2.5	75.6	26.8	3.5	66.1	37.3	3.2	68.0	35.1	3.8	64.2	39.6
10	3.2	70.7	32.5	3.2	60.6	42.7	2.6	62.6	40.0	3.9	58.6	45.4
11	1.5	82.9	18.6	1.0	80.8	20.1	0.9	81.4	19.5	1.0	80.3	20.8
12	1.0	85.9	15.1	0.9	82.8	18.1	0.9	81.3	19.6	1.0	84.3	16.7
'17.1	1.0	86.0	15.0	1.5	82.8	18.8	1.5	84.2	17.3	1.6	81.4	20.2
2	1.6	81.8	19.9	2.4	78.3	24.2	3.1	77.8	25.3	1.8	78.8	23.0
3	1.7	80.3	21.4	2.6	77.8	24.8	1.9	77.5	24.4	3.2	78.1	25.1
4	1.4	83.0	18.4	2.3	77.4	24.9	2.9	75.4	27.5	1.8	79.5	22.3
5	1.3	81.8	19.6	2.1	74.0	28.0	2.3	72.0	30.4	1.8	76.1	25.7
6	1.2	80.7	20.5	2.3	68.9	33.4	2.7	68.8	33.9	1.8	69.0	32.9
7	1.2	83.3	17.8	2.2	76.8	25.3	2.1	77.7	24.4	2.3	76.0	26.3
8	0.6	87.1	13.4	0.9	85.5	15.4	0.6	86.0	14.6	1.3	85.0	16.3
9	0.9	85.1	15.8	0.7	83.4	17.4	0.8	81.3	19.4	0.6	85.4	15.2
10	0.9	84.5	16.3	1.0	81.1	19.9	1.4	79.7	21.7	0.6	82.5	18.1
11	0.6	87.9	12.7	0.8	83.3	17.2	0.8	82.5	18.3	0.4	84.2	16.1

※ 전세거래지수 = 100 + '활발함'비중 - '한산함'비중 (조사항목 : 활발함, 보통, 한산함)
- 전세거래지수는 0~200 범위 이내이며 지수가 100을 초과할수록 '활발함' 비중이 높음

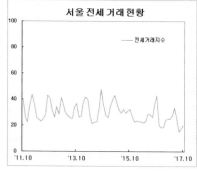

서울 전세 거래 현황

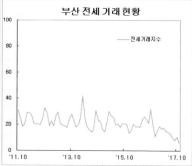

부산 전세 거래 현황

부동산 투자, 흐름이 정답이다

03

분양권 시장의 지표, 미분양

■■■■■ 매매가격지수와 전세가격지수의 관계를 설명하면서 잠깐 언급했지만, 미분양된 아파트의 지표도 결국 시장의 흐름에 연결 되어 있다. 미분양에 대해 살펴보기 전에 미분양 현황 정보는 어 디서 찾을 수 있는지 알아보자.

미분양 정보는 국토교통부(http://www.molit.go.kr), 국토교통 부 통계누리(http://stat.molit.go.kr) 또는 온나라 부동산포털(http:// www.onnara.go.kr)에서 확인할 수 있다. 3곳의 미분양 정보는 정 부에서 제공하는 것이기 때문에 결국 같은 데이터라고 생각하면 된다. 국토교통부에서 매 월말 보도 자료로 제공하는 미분양 정보 는 해당 월의 핵심 사항을 요약해서 제공하는데, 한 장의 이미지 로 이해하기 쉽게 되어 있다.

국토교통부 미분양현황 보도자료

　　미분양된 아파트의 현황을 지표로 확인하기 위해서는 국토교
통부 통계누리 또는 온나라 부동산포털을 이용하면 되는데, 여기
서는 국토교통부 자료를 이용하는 방법을 살펴보겠다. 국토교통
부 통계누리의 미분양현황은 엑셀 파일로 제공하고 있다. 미분양
현황은 규모별(평형별) 미분양 현황, 시군구별 미분양 현황, 공사
완료 후(준공 후) 미분양 현황 등 3가지로 분류해서 정보를 제공하
고 있다. 만약 시군구별로 어떤 아파트가 미분양되었는지 자세한
사항을 확인하고 싶으면 시청이나 구청의 공식 홈페이지에서 확
인하면 된다.

　　　　　　　　　　　　　　　부동산 투자, 흐름이 정답이다

10월말 전국 미분양 55,707호, 전월대비 2.4% (1,287호) 증가

- 준공후 미분양(9,952호)은 전월대비 0.1% (11호) 감소 -

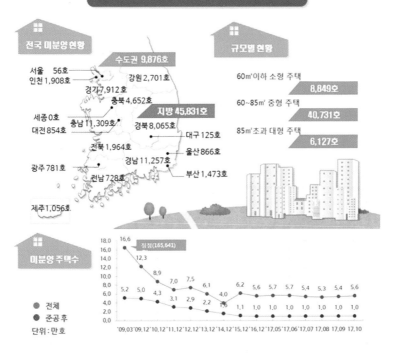

전국 미분양 주택 현황 (17년 10월)

전국 미분양 현황

수도권 9,876호

서울 56호
인천 1,908호
경기 7,912호
강원 2,701호
충북 4,652호

세종 0호
대전 854호
충남 11,309호

지방 45,831호

경북 8,065호
대구 125호
울산 866호
경남 11,257호
부산 1,473호

전북 1,964호
광주 781호
전남 728호

제주 1,056호

규모별 현황

60㎡이하 소형 주택 8,849호
60~85㎡ 중형 주택 40,731호
85㎡초과 대형 주택 6,127호

미분양 주택수

● 전체
● 준공후
단위 : 만호

최정(165,641)

국토교통부 통계누리 - 미분양 현황

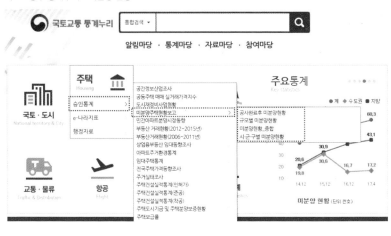

국토교통부 통계누리 미분양 현황

□ 부문별 미분양 현황

구 분	1.12	2.12	3.12	4.12	5.12	6.12	7.12	8.12	9.12	10.12	11.12	12.12
계	31,512	24,923	38,261	69,133	57,215	73,772	112,254	165,599	123,297	88,706	69,807	74,835
민간부문	20,741	14,168	31,894	60,781	51,415	71,818	110,715	164,293	122,962	88,706	69,807	74,835
공공부문	10,771	10,755	6,367	8,352	5,800	1,954	1,539	1,306	335	0	0	0
(준공후)	8,834	5,425	5,874	10,314	10,983	13,654	17,395	46,476	50,087	42,655	30,881	28,778

□ 시도별 미분양 현황

구 분	1.12	2.12	3.12	4.12	5.12	6.12	7.12	8.12	9.12	10.12	11.12	12.12
계	31,512	24,923	38,261	69,133	57,215	73,772	112,254	165,599	123,297	88,706	69,807	74,835
서 울	1,771	52	735	612	574	529	454	2,486	1,803	2,729	1,861	3,481
부 산	3,797	1,936	3,657	6,895	5,295	9,009	11,502	13,997	9,200	3,458	4,193	5,784
대 구	1,198	2,250	4,159	3,250	3,274	8,732	12,199	21,379	16,009	13,163	8,672	3,288
인 천	329	17	467	1,770	1,196	426	527	1,647	4,539	4,265	3,642	4,026
광 주	564	868	1,870	5,609	2,156	6,506	7,940	12,384	4,678	1,809	784	3,348
대 전	1,071	965	1,069	2,192	398	597	1,881	3,802	3,101	2,205	1,557	1,441
울 산	1,693	3,456	872	839	2,089	996	7,672	9,569	7,106	5,575	3,510	3,659

총괄 / 규모별 / 시군구별 / 공사완료후

부동산 투자, 흐름이 정답이다

미분양 정보는 이와 같은 방법으로 확인하면 되고 중요한 것은 시장 흐름에 미분양 지표가 어떤 의미가 있는지 아는 것이다. 서울, 경기도, 부산, 대구의 미분양 차트를 보면 공통점이 있다. 미분양된 아파트의 수가 급격하게 증가했다가 어떤 특정 시점에 다시 급격하게 감소한 모습을 볼 수 있는데 이런 현상은 앞에서 살펴본 입주물량의 증가·감소와 관련이 있고 또 전세가율의 증가·감소와 관계가 있다. 앞의 신혼부부 사례를 참고하면 이렇다. 시장에 신규 아파트의 공급이 넘쳐나면 집주인을 즉시 찾지 못하기 때문에 결국 미분양이 된다. 미분양을 보유하고 있는 시행사나 시공사는 이런 미분양 물량을 빨리 처분하기 위해서 분양가를 할인해 주인을 찾으려고 한다. 분양가를 할인하게 되면 도미노처럼 주변 집값도 영향을 받게 되어 부동산 시장 전반적으로 침체되는 상황이 발생한다. 부동산 시장이 침체된 상황에서 가격 하락을 우려한 사람들은 아파트를 사려고 하지 않는다. 그래서 공급물량이 많은 지역의 미분양된 아파트 양은 급속도로 증가하게 된다. 미분양 아파트가 적체되면 건설사에서는 신규 아파트 공급 계획을 축소하게 되고 이러한 시기가 길어지면 공급량은 감소하게 된다. 신혼부부와 같이 시장에 새로 진입하는 가구 수가 매년 발생되기 때문에 수요를 충족할 만한 공급이 제때 이뤄지지 않으면 오랫동안 미분양 되어 악성으로 남아 있던 아파트가 소진된다.

결론적으로 공급물량 증가 → 미분양 증가 → 가격 하락 → 공급물량 감소 → 미분양 감소 → 가격 상승과 같은 패턴으로 시장

가격이 형성된다. 입주물량, 전세가율, 미분양 현황 등 항상 시장을 주시하면서 지켜봐야 할 지표라는 것은 이런 이유 때문이다. 특히, 준공 후 미분양된 아파트의 수를 주목해야 하는데 준공, 즉 입주 후에도 집주인을 찾지 못해서 공실로 되어 있다는 것은 시장이 전반적으로 좋지 못하다는 시그널이다. 따라서 준공 후 미분양 아파트 수의 증가 또는 감소를 눈여겨볼 필요가 있다.

서울과 경기도의 미분양 현황을 들여다보면 미분양수는 2013년 하반기부터 감소했는데 서울 및 수도권의 아파트 가격이 2013년 하반기에 반등한 시점과 일맥상통한다. 약 천만 명의 인구가 사는 서울의 미분양이 2017년으로 갈수록 0에 수렴해가는 차트를 보면 앞으로도 서울의 수급 상황이 쉽게 변하지 않을 것이란 걸 예측할 수 있다.

서울 미분양 현황

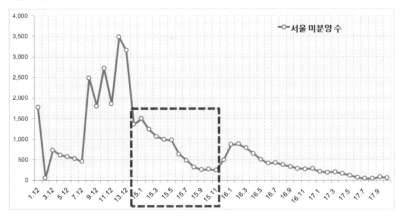

부동산 투자, 흐름이 정답이다

경기도 미분양 현황

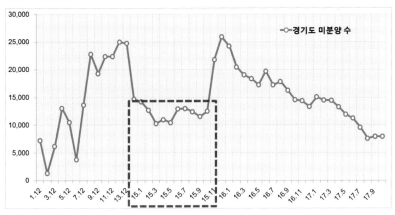

부산과 대구는 2010년 상반기부터 미분양 아파트가 감소했었는데, 이때부터 부동산 매매가격이 본격적으로 상승했다. 그 많던 미분양 아파트가 단시간에 해소되는 모습을 볼 수 있고 2017년 현재도 미분양 아파트는 많지 않다. 하지만 부산은 2017년부터 공급이 증가하고 있기 때문에 부산의 미분양 현황을 조금 더 지켜볼 필요가 있다. 대구는 2015년에 미분양 아파트가 소폭 증가했지만, 최근에는 다시 감소하고 있다. 최근 대구 아파트의 가격이 상승세로 전환된 것과 무관하지 않음을 알 수 있다. 이런 식으로 입주물량과 미분양 지표만 확인해도 시장의 흐름을 놓치는 일은 많이 줄어들 것이다.

부산, 대구 미분양 현황

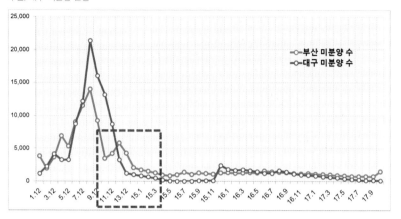

　　　　　　　　　　　　　　　　　　　부동산 투자, 흐름이 정답이다

04

거래량에 따라
가격은 움직인다

우선 거래량 정보를 확인하는 방법을 알아보자. 아파트를 포함해 주택거래량 지표를 볼 수 있는 곳은 국토교통부 통계누리, 한국감정원과 통계청이다. 필자는 거래량 정보를 한국감정원 부동산통계(http://www.r-one.co.kr)에서 많이 확인하는 편이다.

거래량은 부동산 흐름을 읽을 수 있는 중요한 지표다. 입주물량, 전세가율, 미분양 지표들과 일체가 되어 시장의 흐름 변화에 시그널을 보내는 데 주목해볼 필요가 있다. 거래량은 부동산 가격과 밀접한 관계가 있다. 거래량의 변화에 따라 부동산 가격은 상승하기도 하고 감소하기도 한다. 거래량이 증가되면 왜 가격이 상승하는지 거래량이 감소하면 왜 가격이 하락하는지는 쉽게 생각해보자.

A아파트의 집주인은 집을 팔려고 중개업소에 의뢰했다. 그런데 의뢰한 지 한 시간이 지나지도 않았는데 중개업소에서 집 구경을 하자고 전화가 온다. 그래서 집을 보여줬는데 또 다른 중개업소에서 집을 구경할 수 있는지 전화가 왔다. 이런 식으로 하루에만 몇 팀에게 집을 보여줬다. 그런데 B중개업소에서 집이 마음에 들어 계약하자고 계좌번호를 알려달라고 한다. 주인은 계좌번호를 B중개업소에 보내주려고 하니 때마침 C중개업소에서 가격을 더 올려줄 테니 자기 중개업소과 계약을 하자고 한다. A아파트 주

인이 가만히 생각해보니 중개업소에서 집을 찾는다는 전화도 많이 오고 가격도 올려준다는 사람들이 있으니 조금만 더 기다려보면 자기가 생각한 가격보다 더 받을 수 있겠다는 생각이 든다. 결국, A아파트 주인은 며칠을 더 기다려서 본인이 생각한 가격보다 더 좋은 가격에 집을 팔 수 있었다. 이 단지에는 A아파트뿐만 아니라 다른 아파트도 거래되었다는 소식이 들리고 다음 날에는 또 다른 아파트까지 거래되었다는 소식이 들렸다. 부동산 시장이 침체되어 조용하던 동네가 이런 식으로 거래가 자주 발생하게 되면 가격은 자연스럽게 상승하게 된다.

서울 월별 매매가격과 거래량을 비교한 차트를 보자. 서울 아파트 거래량은 2012년 10월부터 증가하고 있다. 2013년 2분기에는 월별 거래량 수가 1만 건에 달했는데 그 이후부터 서울 아파트 가격은 상승하기 시작했다. 2015년 중반에는 거래량이 무려 1만 4,000건으로 증가한 후 매매가격은 더 큰 폭으로 상승했다. 2016년 1분기와 2017년 1분기에는 거래량이 낙폭했는데, 부동산 규제 영향으로 인한 일시적 현상이었다.

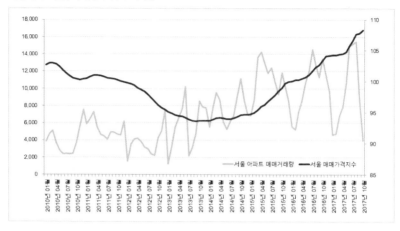

　　부산은 2009년 아파트 거래량이 증가하면서 부동산 시장이 회복기로 진입했다. 2012년에 거래량이 잠시 감소해 가격이 하락하는 듯 보였으나 거래량이 다시 증가하면서 2017년 상반기까지 매매가격도 상승했다. 2017년 하반기에는 거래가 큰 폭으로 감소해 매매가격도 조정을 받고 있다. 다른 지역은 말할 것도 없이 거래량에 따라 가격이 영향을 받는 것은 어쩌면 당연한 얘기다. 거래량은 가격에 선행하기 때문에 항상 관심을 가지고 지켜봐야 할 중요한 지표다. 증가든 감소든 추세적으로 거래량에 변화가 생겼다면 시장의 흐름에도 변화가 발생할 가능성이 크다.

부산 아파트 월별 매매가격지수 & 거래량

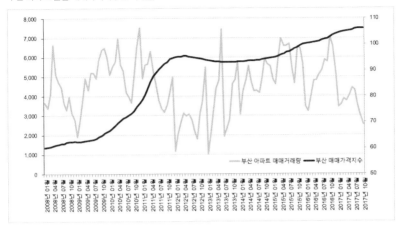

05

현장 분위기의 바로미터, 매수 매도세

매수세와 매도세지수는 아파트 시장에 집을 팔려고 하는 사람들이 많은지, 아니면 집을 사려고 하는 사람들이 많은지 현장의 분위기를 확인할 수 있는 지표다. 집을 팔려고 하는 사람들이 많다면 '매도세우위'라고 하고, 집을 사려고 하는 사람들이 더 많다면 '매수세우위'라고 한다. 팔려는 사람보다 사려고 하는 사람이 더 많다면 가격은 당연히 상승할 것이기 때문에 '매수우위 지수'를 더 중요한 지표라고 할 수 있다. 매수매도지수는 KB부동산 시계열 자료를 통해서 확인할 수 있는데 월간지수와 주간지수 두 종류의 데이터를 제공하고 있다. 매수우위지수는 0~200 범위 이내이며 지수가 100을 초과할수록 '매수우위' 비중이 높다고 설명되어 있다. 한마디로 200에 가까울수록 집을 사려고 하는 사람들이 더 많다는 것이다.

매수세/매도세 동향
Trends on the Sell / Buy activities by region

	전국 Total			서울 Seoul			강북 Northern seoul		
	매도세우위 Seller's No. / Buyer's No.	**매수세우위** Seller's No. / Buyer's No.	**매수우위지수** Buyer Superiority Index	**매도세우위** Seller's No. / Buyer's No.	**매수세우위** Seller's No. / Buyer's No.	**매수우위지수** Buyer Superiority Index	**매도세우위** Seller's No. / Buyer's No.	**매수세우위** Seller's No. / Buyer's No.	**매수우위지수** Buyer Superiority Index
7	43.2	12.2	69.1	16.9	25.3	108.5	16.3	29.0	112.7
8	37.7	14.2	76.5	14.6	28.9	114.3	13.7	27.7	113.9
9	35.5	19.9	84.4	12.5	37.3	124.8	13.2	41.1	127.9
10	33.3	21.6	88.3	12.2	37.1	124.8	12.7	41.4	128.7
11	41.9	8.0	66.2	25.4	6.0	80.7	27.5	6.2	78.7
12	51.1	4.8	53.6	39.7	3.6	64.0	40.2	3.2	63.0
'17.1	58.8	2.9	44.1	48.8	2.1	53.3	45.3	2.2	56.9
2	57.4	4.1	46.6	45.5	4.3	58.7	42.8	4.7	61.8
3	57.0	4.4	47.4	41.2	7.0	65.8	36.3	8.0	71.6
4	55.5	4.4	48.9	35.3	8.4	73.1	28.2	10.4	82.2
5	52.0	8.3	56.3	27.4	21.5	94.1	23.9	24.6	100.7
6	46.4	15.8	69.4	16.0	40.7	124.7	9.1	46.0	136.9
7	44.2	13.4	69.2	12.1	35.2	123.1	8.7	38.5	129.8
8	42.5	5.4	63.0	24.6	6.6	82.0	22.9	6.1	83.2
9	52.1	4.1	52.0	35.4	4.9	69.5	32.9	5.1	72.1
10	51.9	5.8	53.9	25.7	11.0	85.3	22.0	13.4	91.4
11	57.7	4.7	47.0	28.3	13.2	84.9	25.0	14.7	89.8

- 매수우위지수는 0~200 범위 이내이며 지수가 100을 초과할수록 '매수우위' 비중이 높음

▶ ▶| NEW_HAI KB-HOI KB 오피스텔 전월세전환율 선도50 **매수우위**

서울의 매수우위지수를 살펴보면 2017년 후반기에는 지수가 140까지 도달했다. 반면 2012년의 매수우위지수는 20 이하에서 형성되어 있다. 지수가 높을 때와 낮을 때의 차이가 상당히 크다.

서울 매수우위지수

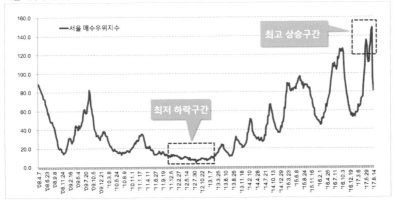

부산의 매수우위지수는 2017년 현재 시점에는 20 이하까지 떨어졌음을 볼 수 있다. 부산 부동산 시장이 좋았었던 2011년의 지수가 140 이상이었던 것을 고려하면 2017년의 지수는 상당히 낮은 수치로 매수세가 많이 약해졌음을 알 수 있다.

부산 매수우위지수

서울과 부산 두 지역의 매수우위지수를 살펴본 결과 지수가 140 가까이 되었을 때 아파트 가격이 크게 상승했었고 지수가 20 이하까지 떨어졌을 때 아파트 가격이 침체기에 진입했다.

매수우위지수 차트를 보면 하나의 특징이 있다. 그 특징이란 지수가 상승했을 때와 하락을 했을 때 추세적으로 흐름이 쉽게 변하지 않는다는 것이다. 서울의 차트를 보면 2012~2017년까지는 상승과 하락의 반복은 있었지만 계속 우상향으로 상승하는 모습

부동산 투자, 흐름이 정답이다

을 볼 수 있다. 그리고 부산 차트도 역시 2012~2016년까지 추세적으로 상승하다 2017년부터는 하락 추세로 전환된 것을 볼 수 있다. 이 의미는 즉, 지수는 한번 흐름을 타면 쉽게 다른 방향으로 전환이 되지 않는다고 생각할 수 있으며 앞으로의 시장 방향성에 대해서도 예측이 가능한 지표라고 할 수 있다. 2017년의 서울은 여전히 매수우위지수가 상승 추세에 머물러 있어 앞으로의 시장 방향성도 상승세를 유지할 가능성이 크고, 부산은 매수우위지수가 2017년부터 하락세로 전환되었기에 단시간에 상승세로 전환될 수 없다고 생각할 수 있다. 매수우위지수는 시장의 심리 반응도 살펴볼 수 있지만, 앞으로의 추세 방향도 예측할 수 있어서 중요한 지표다. 물론 정부의 갑작스러운 대책이 나오면 이런 추세도 급격하게 변할 수 있음을 알고 있어야 한다.

지금까지 부동산 흐름 파악을 위해서 확인해야 할 지표들을 살펴봤다. 설명했던 지표들 외에 더 많은 지표가 있지만, 몇 가지 핵심 지표들만 분석해도 시장 흐름을 파악하는 데 충분하다. 우리는 전국의 모든 지역을 다 다니면서 현장을 조사할 수는 없다. 물론 시간 여유가 많다면 직접 현장으로 달려가 동향을 살펴보는 것이 최고의 방법이다. 현장에서 나오는 정보만큼 신속한 데이터는 없다. 그렇지만 대부분 사람은 본업이 있기 때문에 본업을 내팽개치고 발품을 다닐 수는 없다. 이런 부분을 대신해줄 방법이 지금까지 설명한 지표 분석이다. 지표 분석은 시장 흐름을 현장에 가지 않고도 확인할 수 있는 방법이기 때문에 늘 데이터를 업데이트

해서 관리하면 현장 상황을 빠르게 확인할 수 있다. 핵심지표들을 해석하는 방법도 중요하지만, 더 중요한 것은 지표들을 꾸준히 관리해서 시장 흐름을 놓치지 않는 것이다.

06

가장 중요한 지표는
발품이다

앞에서 시장의 흐름을 파악하기 위해서 필요한 핵심 지표들을 살펴봤는데 그런 지표들은 어차피 누군가가 시장 조사를 한 후 데이터를 입력하고 정리해서 나온 결과물이기 때문에 현장 상황보다 한 템포 느린 정보다. 지표나 데이터들은 조사하는 대상에 따라, 시기에 따라, 지역에 따라, 조사하는 방법에 따라 언제든지 오차가 발생할 수 있다. 매매가격지수를 많이 참조하는 KB부동산과 한국감정원의 데이터도 매번 다르게 발표가 된다. KB부동산에서 제공하는 매매가격지수와 한국감정원에서 제공하는 매매가격지수가 조금씩 다른 이유는 조사하는 방법이 다르기 때문이다.

특히, 매매가격이나 전세가격은 상승장과 하락장에서 더더욱 유의해서 살펴봐야 한다. 아파트 가격이 상승하고 있을 때는 국토부에서 제공하는 실거래가격은 현장 상황을 잘 따라오지 못한다.

현장의 아파트 가격은 하루가 다르게 또는 일주일이 다르게 가격이 상승하는데 실거래신고는 계약 후 60일 이내에 하기 때문에 시장의 상황보다 뒤처지는 데이터가 될 수 있다. 가격이 하락하고 있을 때도 마찬가지다. 지표를 정리하고 잘 활용하는 것도 중요하지만 너무 맹신해 시장 상황을 오판하는 일은 없어야 한다.

시장 상황을 오판하지 않기 위해서는 현장에 자주 가서 직접 조사하고 시장의 분위기를 느껴봐야 한다. 공급물량과 핵심지표들이 시장의 흐름에 긍정적인 신호를 보여주는 지역이 있다면 적어도 일주일에 한번은 꾸준히 시장 상황을 체크해야 한다. 최근에는 투자 모임도 많고 강의도 많기 때문에 정보 공유가 빨라서 내가 생각한 타이밍보다 더 빠르게 투자자들인 진입하는 일들이 많이 일어나고 있다. 선 진입한 투자자들 때문에 아파트 가격의 호가는 이미 높아져 있고 뒤이어 진입하려고 할 때는 한템포 늦어버리게 된다. 따라서 관심 지역이 있다면 반드시 시장 상황을 자주 체크해야 한다.

발품을 가게 되면 반드시 중개업소가 영업을 하는 날에 현장을 방문해야 하며 적어도 3곳 이상의 중개업소를 방문해서 시장 정보를 수집해야 한다. 중개업소마다 보유하고있는 물건이 다르며 시장에 대한 분석과 생각이 다를 수도 있기 때문에 가급적이면 여러 곳의 중개업소를 방문하는 것이 좋다. 발품을 가서 중개업소에 방문하지 않고 단순히 현장만 둘러보고 오는 식의 발품은 반쪽짜리 발품이다. 현장을 둘러본 후 중개업소에 방문해서 현재 분위기도 듣고 얻을 수 있는 정보는 최대한 많이 얻어서 와야 한다. 다시 한번 얘기하지만 많은 지표들 중 가장 중요한 지표는 현장에서 직접 보고 들은 정보다.

현장 발품시 중개업소에서 확인해야할 정보는 어떤 것들이 있는지 살펴보자.

첫째. 매물로 나와 있는 매매와 전세 물건 수

매물 건수는 네이버부동산에서도 확인이 가능하지만 매물로 나온 모든 집을 광고하지 않기 때문에 중개업소에 확인해보는 것이 좋다. 만약 전세 매물이 많다면 투자자가 많다는 증거이기 때문에 투자시 전세 맞추기가 어렵고, 추후 매도시에도 팔기가 쉽지가 않다.

둘째. 최근 매매와 전세를 찾는 수요가 어느 정도인지 여부

매수매도우위 지수나 전세수급지수 확인 차 현재 중개업소를 방문하거나 또는 전화로 문의가 많은지 확인하는 것이 좋다. 수급에 대한 현장 분위기는 중개업소의 정보가 지표보다는 정확하다. 만약 투자 시 전세 임차인을 얼마나 빨리 구할 수 있는지? 혹시 전세를 구하는 대기자가 어느 정도 있는지 반드시 확인해야 한다.

셋째. 매매가격과 전세가격의 차이

네이버 부동산의 가격이나 국토부 실거래 가격은 현장에서 알아보는 가격과 조금은 괴리가 있기 때문에 현실적으로 투자 가능한 금액을 알기 위해서 중개업소에 단도직입적으로 필요한 투자 금액을 물어보는 것이 나을 때도 있다.

넷째. 전통적인 수요층의 특징

아파트 단지에 실거주가 많은지 아니면 투자 수요가 많은지 여부를 확인하고, 아파트에 거주하고 있는 주민들의 특징도 간단하게 살피자. 가령 어디로 출근을 많이 하는지, 어디서 이동해서 온 사람들인지, 향후 어디로 빠져나갈 확률이 높은지 등을 알아보자.

다섯째. 주변 분양권 아파트와 정비구역 현황

아파트 인근에 신규분양 중인 아파트가 있다면 형성된 웃돈(프리미엄)과 매물 소진 속도를 확인해본다. 추가적으로 주위 재개발이나 재건축 구역의 웃돈과 사업 진행도 같이 확인하는 것이 좋다.

위의 내용 외에도 궁금한 것이나 손품으로 조사하면서 확인이 어려웠던 내용들을 확보하고, 반드시 여러 중개업소를 방문하여 정보를 수집하는 것이 좋다. 내가 가지고 있는 의문에 믿음을 줄 수 있는 답을 가지고 있거나 궁합이 잘 맞는 중개업소를 찾아서 지속적인 유대관계를 만들어 나가면 좋은 매물이 언젠가는 나에게도 올 수가 있다.

Part 4

부동산 흐름, 미래 공급량 예측으로 끝내자

Part 4

■■■■■ 과거의 부동산 가격 흐름이 어떻게 변했는지 알아보기 위해서 과거 공급량(입주물량)을 조사하고 분석하는 방법을 앞에서 살펴봤다. 그리고 가격의 흐름이 변하는 타이밍을 찾기 위해 시장에 시그널을 주는 중요 지표들도 살펴봤다. 지금부터는 미래의 가격 흐름을 예측하는 데 필요한 것들을 살펴보기로 하자.

미래의 부동산 가격을 예측한다는 것은 쉬운 일은 아니다. 정보를 수집하고 분석해서 미래 가격을 예측한다고 하지만, 생각지도 못한 변수가 시장 곳곳에서 발생하기 때문에 예측이 비껴가기도 한다. 한 예로, 2017년 문재인 정부로 정권이 교체되면서 수많은 부동산 규제를 내놓았고 예상치 못한 일들이 시장에서 나타나고 있다. 2년 전 아니면 그 이전의 시기에 2017년에 이런 변수들이 발생할 것이라고 예상한다는 것은 거의 불가능하다. 2017년에 대통령이 교체될 것을 누가 예상할 수 있었을까. 그만큼 시장 예측은 어렵다. 그렇다 하더라도 투자 성공 확률을 높이기 위해서 끊임없이 분석하고 준비해야 한다. 내 집 마련을 위해서 집을 사든, 투자를 위해서 집을 사든 이왕이면 가격 상승을 원하는 것이 사람들의 심리이고, 가격 상승이라는 확률과 싸움을 위해서는 과거와 미래의 가격 흐름을 아는 것이 무엇보다 중요하다. 물론 미래 부동산 가격이 인구 변화와 시장경제 변화로 인해 반드시 과거처럼 된다는 보장은 없다. 그래도 우리가 준비할 수 있는 것은 많지 않기 때문에 과거의 시장 흐름을 분석해야 한다. 그래서 과거 도시의 발전 방향과 각종 지표를 분석하고 정리하는 것은 부동산 접근법의 기본이다.

　미래 부동산 흐름 예측은 우리의 자산을 지키는 것과 무관하지 않기 때문에 과거 부동산 흐름보다 더 중요하다. 미래 부동산 흐름은 과거 흐름과 동일하게 시장의 공급량, 정부의 정책, 시장 경제 여건 등에 따라 좌우되기 때문에 이런 중요한 몇 가지 요인들은 항상 분석하고 정리가 되어 있어야 한다. 앞에서도 언급했지만, 그중에서도 가장 중요한 부분은 시장의 공급량이다. 가격 변화의 기본 틀은 시장의 공급량에서 비롯되기 때문에 과거, 현재 그리고 미래의 공급량 방향성만 파악할 수 있다면 시장 흐름의 8할 이상은 예측 가능하다. 미래 공급량을 파악하기 위해서는 시장에 공급될 아파트의 주요 공급처를 알아야 한다. 과거처럼 도심지에 가용할 수 있는 토지가 많지 않기 때문에 현재 아파트를 공급할 수 있는 토지는 제한적이다. 서울, 부산, 대구와 같은 대도시들은 도시 외곽에 대규모 택지개발에 의해 아파트를 공급하는 방법과 재개발·재건축에 의해 아파트를 공급하는 방법이 대안이라면 대안이다. 따라서 택지개발 계획과 재개발·재건축 사업 현황을 파악하게 되면 시장에 공급될 아파트의 양은 어느 정도 예측이 가능하다. 택지개발 계획과 재개발·재건축 사업 현황 등을 파악하기는 쉽지 않지만, 그렇다고 불가능한 것은 아니므로 충분한 시간을 가지고 분석한다면 누구든지 할 수 있는 일들이다. 지금부터 하나씩 살펴보자.

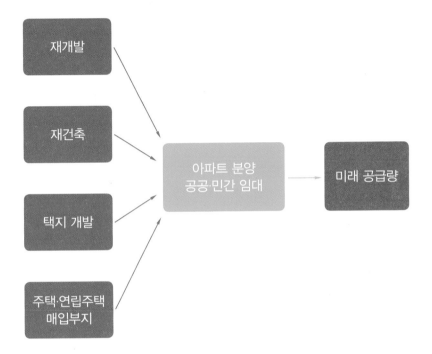

01

신규 분양물량으로
단기 시장 전망하기

2~3년 후 공급량(입주물량)을 구하는 방법은 신규 분양 아파트의 입주물량을 정리하는 것이다. 이 방법은 필자가 생각해낸 방법은 아니다. 이미 시장에 공개된 방법이고 많은 사람이 사용하는 것이다. 우리나라의 신규 아파트는 대부분 선분양이기 때문에 분양한 아파트의 입주 시기만 알 수 있으면 미래의 공급량(입주물량)을 예측하는 것은 어렵지 않다. 이런 방식으로 구하는 입주물량 정보는 부동산 전문 블로그나 카페에서도 쉽게 확인할 수 있다. 최근에는 부동산 전문 앱도 많이 개발되어 이제는 스마트폰에서도 입주물량 정보를 빠르게 확인할 수 있다. 그래도 필자는 여전히 수작업으로 미래의 입주물량을 구하고 있다. 시간은 다소 걸리지만, 입주물량을 구함으로써 얻는 것들이 더 많기 때문이다.

아파트 분양 및 청약 정보는 아파트투유(http://www.apt2you.com)에서 확인한다. 국민임대, 공공임대, 오피스텔, 도시형생활주택 그리고 아파트까지 대부분의 공동주택 청약을 진행하고 있기 때문에 신규 아파트의 입주 정보를 확인하는 데 최적의 사이트다. 분양되는 아파트의 입주자모집공고 상세정보를 통해서 공급 위치, 공급 규모(세대수), 평형별 세대수/분양가격, 입주예정일 등 중요한 정보를 확인할 수 있다.

아파트투유 분양 정보

'아파트투유'의 분양 정보를 확인한 후 네이버 부동산의 분양 정보도 함께 참고한다. 두 곳의 아파트 분양 정보가 대부분 중복되지만, 간혹 '아파트투유'에서 찾을 수 없는 아파트 정보가 있기 때문에 네이버 부동산을 함께 사용해야 한다. 다음 부동산이나 부동산114 같은 부동산 사이트를 사용해도 무방하다. 필자는 네이버 부동산 정보가 익숙하기 때문에 사용할 뿐이다. 주의할 점은 부동산 사이트에서 공개하는 정보들은 대부분 일반분양하는 아파트의 정보뿐이다. 예를 들면 재개발·재건축 사업으로 분양하는 아파트는 조합원분양분 세대수 정보가 누락되어 있기 때문에 수고스럽더라도 일일이 찾아보는 방법밖에는 없다. 이와 같은 방식으로 정리한 것이 다음의 표다.

네이버 부동산 분양 정보

도/시	구	동	아파트명	유형	전체세대수	입주년	입주월	공급면적	전용면적	해당세대수	분양시기	분양가격	평당가격
서울	강남구	개포동	래미안 강남포레스트 (개포시영재건축)	아파트	2,296	2020	9	74	49	118	17년9월		
				아파트		2020	9	86.05	59.92	742		112,900	4,337
				아파트		2020	9	100	74	236			-
				아파트		2020	9	115	84	679			-
				아파트		2020	9	128.91	96.93	190		172,700	4,429
				아파트		2020	9	129.78	96.91			173,900	4,430
				아파트		2020	9	135.96	102.32	192		184,300	4,481
				아파트		2020	9	136.79	102.41			177,400	4,287
				아파트		2020	9	148.96	112.97	97		188,900	4,192
				아파트		2020	9	149.85	112.73			189,600	4,183
				아파트		2020	9	174.19	136.06	33		217,800	4,133
서울	강동구	상일동	고덕센트럴 아이파크(고덕주공5단지)	아파트	1,745	2019	12	82	59.97	638	17년7월	61,200	2,459
				아파트		2019	12	82.42	59.91			60,900	2,443
				아파트		2019	12	82.7	59.99			61,300	2,450
				아파트		2019	12	102.27	74.88	219		73,513	2,376
				아파트		2019	12	102.64	74.99			72,613	2,339
				아파트		2019	12	115.36	84.91	793		81,300	2,330
				아파트		2019	12	115.81	84.97			79,900	2,281
				아파트		2019	12	139.37	102.85	86		97,800	2,320
				아파트		2019	12	165	120.00	6			-
				아파트		2019	12	179	130.00	3			-
			고덕아르테온(고덕주공3단지재건축)	아파트	4,066	2020	2	81.5	59.00	1017	17년11월	65,355	2,651
				아파트		2020	2	81.5	59.00	139		63,129	2,561
				아파트		2020	2	81.5	59.00	22		61,434	2,492
				아파트		2020	2	81.5	59.00	42		63,990	2,596
				아파트		2020	2	114	84.00	1591		85,697	2,485
				아파트		2020	2	114	84.00	475		83,421	2,419
				아파트		2020	2	114	84.00	299		85,784	2,488
				아파트		2020	2	114	84.00	299		85,228	2,471
				아파트		2020	2	152	114.00	170		110,154	2,396

입주년도	50㎡이하	50.01~62.8㎡	62.81~95.9㎡	95.91~133㎡	133㎡초과	합계
2016년	15,684	6,622	10,653	3,544	445	38,152
2017년	11,196	6,633	13,761	1,920	536	37,477
2018년	6,424	6,622	17,613	3,724	156	38,219
2019년	3,753	12,660	19,006	2,322	261	41,200
2020년	1,957	8,884	12,588	2,126	45	26,686
2021년	-	-	12	20	247	279

　이런 방법으로 입주물량을 정리하는 것은 많은 시간이 필요하다. 그럼에도 불구하고 수작업으로 입주물량을 계속 정리하는 이유는 다음과 같다.

첫째, 분양되는 아파트의 위치 정보를 확인하기 위해서다. 택지지구에 입주하는 아파트인지 재개발·재건축 구역에 입주하는 아파트인지 또는 중심상업지역에 입주하는 아파트인지 등의 정보는 아주 중요하기 때문에 대강이라도 반드시 위치를 확인한다. 재개발·재건축 구역의 분양아파트가 점점 많아진다는 것은 이제 도심지에 아파트를 공급할 만한 부지가 없다고 추정할 수 있듯이 어떤 지역에 입주하는 아파트인지 알게 되면 향후 시장의 추세를 파악할 수 있다.

둘째, 평형별 분양 세대수를 확인하기 위해서다. 특정 평형대 분양이 추세적으로 감소하게 되면 특정 평형대의 가격이 민감하게 반응할 수 있기 때문에 평형별 정보도 알고 있어야 한다. 2008년 금융위기 이후 시장에 중소형 아파트가 많이 공급되었기에 최근 들어 대형 평수 아파트 기근이 심하다는 정보는 이렇게 정리를 하면 확인할 수 있게 된다.

셋째, 분양 시점과 분양 가격을 파악하기 위해서다. 2가지를 같이 정리하면 현재 신규 아파트의 분양가격을 확인할 수 있고, 추후에 분양하는 아파트 가격을 비교해볼 수도 있다. 추후 분양하는 아파트의 가격을 비교해 상대적으로 가격이 낮다면 투자로 고려해볼 만하기 때문이다. 이렇게 정리하면 시간이 지나서 과거의 분양가 확인도 가능하기 때문에 분양 시기와 가격은 꼭 정리한다.

넷째, 주상복합 아파트, 임대아파트, 오피스텔 등의 공급물량을 파악하기 위해서다. '아파트투유'는 여러 타입의 아파트 정보를 제공하고 있기 때문에 이런 정보들을 취합하면 시장의 주거 형태 변화도 알 수 있다.

다섯째, 공급물량 데이터에 대한 신뢰성이다. 다른 루트로 얻는 정보는 어떤 방식으로 수집된 것인지, 어느 정도까지 데이터가 정확한지 알기가 어렵다. 온라인을 통해서 얻는 입주물량 정보가 다 제각각이기 때문에 가끔 어떤 정보를 신뢰해야 하는지 혼란스러울 때가 있다. 그래서 필자는 직접 정보를 수집해서 사용한다.

이런 식으로 정리한 입주물량을 차트로 만들어보자. 주요 지역의 입주물량을 살펴보기 앞서 주의할 점이 있다면 2020년의 입주물량은 아직 정확한 수치가 아니다. 그 이유는 2020년에 입주하는 아파트의 분양 시점이 2018년이 될 수도 있기 때문인데, 2018년이 끝나갈 무렵이면 2020년의 입주물량도 판가름 날 것이다. 입주물량은 개인의 정보 수집 방법에 따라 조금씩 차이가 나기 때문에 감안하고 보길 바란다. 그렇다고 이해 못 할 정도의 차이는 아니기 때문에 물량의 많고 적음을 추세적으로 확인만 하기 바란다.

서울은 2016~2019년까지 약 4만 호 선에서 아파트 입주가 되고 있다. 2020년에는 약 2만 7,000호 정도임을 볼 수 있지만, 이는 아직 집계가 완료되지 않았기에 완벽한 정보라 할 수 없다. 따라서 2020년의 입주물량은 더 증가할 수 있다. 2018년 서울 재개발·재건축 사업의 진행 속도에 따라 2020년 입주물량의 변화가 있을 것이다. 앞에서 살펴봤듯이 서울 아파트 가격은 2013년 하반기부터 회복기에 진입했고 2014년부터 상승 시장으로 전환되었다. 2010~2013년까지 입주물량을 보면 4만 호 이하에서 입주가 되었다. 과거의 입주물량과 비교해보면 2017~2019년까지 서울의 입주물량도 많다고 할 수는 없다. 앞에서 살펴본 서울의 적정공급물량이 연간 약 5~6만 호 정도 필요하다고 했기 때문에 이 기준에 의하면 2017~2020년까지 서울 아파트 입주는 부족하다고 판단할 수 있다.

서울 연간 아파트 입주물량(2010~2020년)

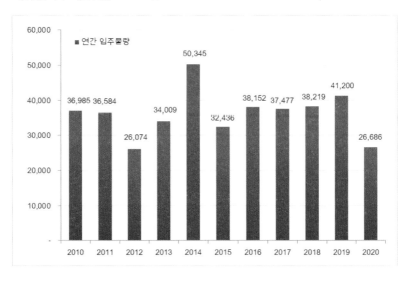

경기도의 입주물량은 2014년부터 매년 증가해 2018년에는 15만 호가 입주하게 된다. 15만 호는 1991년 수도권 1기 신도시 입주 이후 최고의 물량이다. 다행히 2019년에는 10만 호로 감소하고 2020년에는 3만 5,000호로 급감하게 된다. 2020년의 입주물량 집계가 완벽하지 않다고 하더라도 상당히 감소한 모습을 볼 수 있다.

경기도 아파트 가격이 회복하기 전의 입주물량을 살펴보면 2011년부터 2014년간 4년간 약 53,000~65,000호로 입주가 되었다. 경기도의 적정공급물량은 약 7~9만 호 정도였음을 생각해보면 4년간의 입주물량은 부족했다고 할 수 있다. 하지만 적정공급물량으로 2017년과 2018년의 입주물량을 비교해보면 이때는 상당히 많은 편이다. 입주물량이 집중된 지역은 수요와 공급 법칙에 의해 가격이 조정받을 수 있다. 다만 2019년과 2020년에 입주물량이 다시 감소하기 때문에 2018년의 물량 소화만 잘 되면 다시 회복할 가능성이 크다.

경기도 연간 아파트 입주물량(2010~2020년)

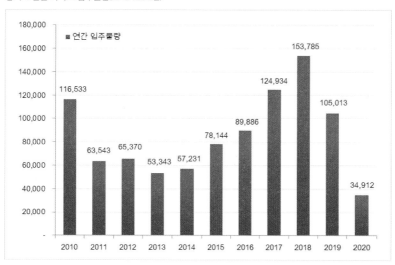

인천 입주물량도 경기도의 입주물량과 비슷한 흐름을 보이는데 인천은 송도, 청라, 영종도, 가정, 도화 지구 등 많은 개발사업으로 인해 입주물량이 증가하고 있기 때문이다. 인천의 연간 필요한 적정 물량은 1만 7,000호~1만 9,000호 정도로 생각해보면 2017년, 2018년에는 시장이 필요한 물량에 근접하고, 2019년 이후부터 입주물량이 적정 물량보다 적음을 알 수 있다. 인천은 여전히 개발되고 있는 지역들이 많기 때문에 2020년 이후의 공급량을 예측하기 위해서 인허가 실적을 추가로 확인해볼 필요가 있다.

인천 연간 아파트 입주물량(2010~2020년)

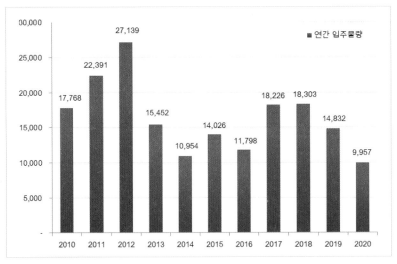

부산은 2017년부터 2020년까지 4년 동안 매년 2만 호가 넘는 아파트가 입주를 기다리고 있다. 재개발·재건축 구역에서 일반 분양을 준비하고 있는 곳이 여전히 많기 때문에 2021년에도 입주 물량은 적지 않을 것으로 예상된다. 부산의 연간 적정공급물량이 1만 5,000호~1만 8,000호 정도임을 감안해도 역시 많은 입주물량이다. 2017년 하반기 부산 아파트 가격이 조정받는 이유는 8.2 부동산 대책 때문이기도 하지만, 과도한 입주물량의 영향도 크다.

부산 연간 아파트 입주물량(2010~2020년)

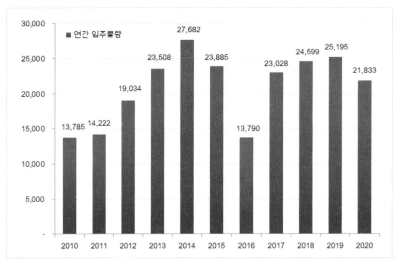

대구는 2016년, 2017년 입주물량이 크게 증가했지만, 2018년부터 2020년까지 입주물량이 다시 감소하게 된다. 대구의 연간 적정공급물량이 약 1만 호~1만 2,000호라고 생각하면 2019년, 2020년의 입주물량은 상당히 부족한 양임을 알 수 있다.

대구 연간 아파트 입주물량(2010~2020년)

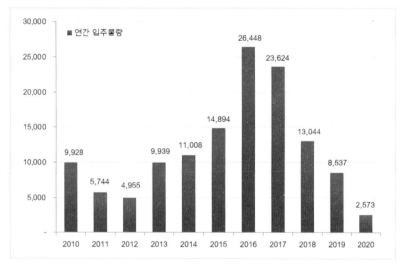

대전은 추세적으로 입주물량이 계속 감소하고 있다. 특히, 2019년에는 3,000호가 되지 않는 아파트가 입주하는데, 입주하는 아파트 단지의 목록을 보니 4개 단지만이 대전에 입주하게 된다. 2개의 단지는 1,000세대 정도 되는 대단지이고, 2개 단지는 소규모 단지다. 인구 150만 명의 광역 도시에 이 정도 아파트만 입주하는 것은 극히 적다고 할 수 있다. 그런데 대전의 입주물량

부동산 투자, 흐름이 정답이다

만으로 시장을 판단했을 때는 상당히 부족한 양이 맞지만, 대전은 세종의 입주물량을 함께 분석해서 시장을 파악해야 한다. 세종의 2019년 입주물량을 살펴보면 1만 2,000호(임대 포함)의 대규모 입주가 기다리고 있다. 이 물량을 무시하고 대전의 2019년 시장을 예측한다면 시장 판단에 오류가 발생할 수 있다.

2012년 이후부터 지금까지 대전이 힘을 발휘하지 못한 이유가 세종의 입주물량 때문인데 2018년, 2019년에도 세종의 입주물량은 상당히 많다. 2019년 공급이 부족한 대전과 물량이 넘쳐나는 세종이 만나게 되면 어떻게 될까?

대전 연간 아파트 입주물량(2010~2020년)

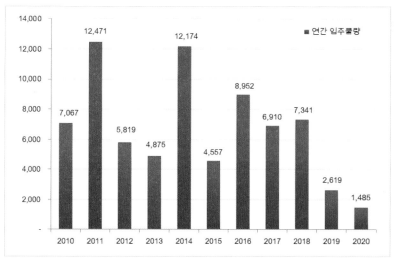

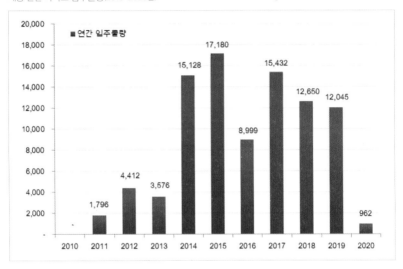

광주와 울산은 입주물량이 2019년까지 추세적으로 많은 흐름을 이어가며 2020년의 물량도 적어 보이지 않는다. 울산은 2020년 물량이 부족해 보이기는 하지만 아직 집계가 완료되지 않았기에 추이를 지켜봐야 한다. 울산의 특성상 주요 산업인 자동차와 조선업 불황이 얼마나 회복될지가 입주물량에 영향을 줄 거 같다.

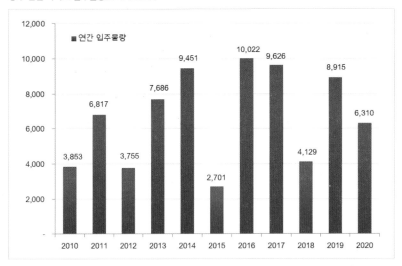

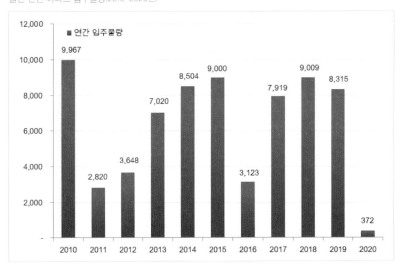

Part 4. 부동산 흐름, 미래 공급량 예측으로 끝내자

신규 분양 아파트 정보를 이용해 주요 도시의 미래 입주물량을 살펴보았는데, 분양 아파트 정리만으로도 2~3년 뒤 공급이 어느 정도인지 예측할 수 있다. 이런 분석은 전세보증금을 레버리지로 삼아 아파트 투자를 하는 일명 갭 투자 시 아주 중요하게 사용되는 데이터다. 전세 계약은 보통 2년 단위로 계약하기 때문에 투자시 2년 후의 시장 상황이 상당히 중요하다. 전세계약이 만료되는 2년 뒤 부동산 경기가 좋으면 아파트를 팔기도 좋고 가격도 올려 받을 수 있기 때문에 2년 뒤의 공급량 예측은 필수다. 이처럼 중요 지역의 공급물량을 확인한 뒤 물량 과다 지역은 투자를 신중히 할 필요가 있다.

부동산 투자, 흐름이 정답이다

02

인허가 및 착공 실적으로 중단기 시장 전망하기

국토교통부 주택건설 실적 보도자료

■■■■ 주택 인허가 실적은 국토교통부에서 월말에 미분양 현황과 함께 정보를 제공한다. 주택 인허가 실적 정보는 국토교통부에서 미분양 현황 보는 방법과 동일한 방식으로 확인하면 된다.

주택건설 인허가란 주택건설 사업자가 대통령령으로 정하는 가구 수 이상의 주택건설사업을 시행할 때 시·도지사 또는 국토교통부 장관에게 사업계획에 대해 승인받은 업무를 말하며 그런 승인 받은 사항을 집계한 것이 주택건설 인허가 실적이다. 주택 인허가 실적은 주택건설 사업계획에 대해 승인을 받는 사항이라 일이 진행되는 과정에서 착공으로 연결되지 않는 경우도 있기 때문에 실적 물량이 정확하지 않을 수도 있다. 그리고 주택건설 인허가를 받은 후 실제 준공까지 사업장에 따라 3~4년 정도 시간이 소요되기에 3~4년 뒤의 준공 시점도 정확히 알 수기 없다. 다민, 전체적인 공급 방향성을 추정할 수는 있다. 국토교통부 통계누리에서 제공한 인허가 실적을 살펴보자.

2017년 실적은 10월까지 누적된 데이터이기 때문에 2017년 12월까지 합계가 된다면 조금 더 증가할 수 있다. 인허가 실적이 적정 공급물량을 초과한 지역은 붉은색으로 표시했다. 서울과 대전을 제외한 대부분 지방에서 붉은색 지표를 보이는 것은 2010년대 지방 부동산 경기가 좋았다는 의미다. 2010년 이후 서울의 인허가 실적이 많지 않았던 이유는 재개발·재건축 사업 위축의 영향이 컸다고 할 수 있고 2017년 인허가 실적이 증가한 이유는 재개발·재건축 물량이 증가했기 때문이라고 할 수 있다. 서울의 향

부동산 투자, 흐름이 정답이다

후 공급 방향성을 예측할 때 빠질 수 없는 것이 재개발·재건축이다. 재개발·재건축 사업 진행에 따라 서울 공급의 크기가 결정되는데 현 정부에서 분양권 거래와 재개발·재건축 거래를 규제하고 있기 때문에 사업 위축으로 공급이 원활하게 되지 않을 수 있다. 공급이 부족하면 가격이 오르는 것은 당연한 일이다. 지금의 서울 시장 가격이 상승하는 것도 그러한 기대감을 가지고 있기 때문이다.

경기도는 인허가 실적이 계속 많다가, 2017년부터 감소한 것을 볼 수 있다. 그 이유는 택지지구의 아파트 공급이 감소했기 때문인데 박근혜 정부 때 택지지구 신규 지정이 중단되었기에 이런 현상은 앞으로 지속될 것이고, 경기도 전체의 공급은 감소할 가능성이 크다.

주목해야 할 지역은 부산이다. 2015~2017년까지 인허가 실적이 평균 3만 호가 넘는데 향후 부산 시장에 공급될 아파트의 양이 많다는 증거다. 부산 아파트 시장은 당분간 힘든 흐름을 보여줄 것으로 추정할 수 있다. 대구 또한 인허가 실적 물량이 계속 증가하는 추세다. 대전의 인허가 실적은 2016년을 제외하고 매년 적었음을 알 수 있다.

아파트 인·허가실적	2011	2012	2013	2014	2015	2016	2017	추세보기
서울특별시	47,107	43,002	45,104	29,009	41,351	25,226	58,183	
경기도	104,016	93,798	54,333	116,448	208,137	177,636	83,581	
인천광역시	25,113	26,698	14,373	7,943	22,207	14,478	9,295	
부산광역시	20,403	27,120	20,445	11,753	27,348	30,163	37,164	
대구광역시	9,348	9,872	15,331	15,638	23,379	20,491	24,122	
대전광역시	17,612	4,249	3,794	3,475	5,904	11,287	4,509	
세종특별자치시	-	16,823	16,219	11,647	14,627	12,035	3,126	
광주광역시	13,601	15,923	5,682	9,230	12,901	21,474	17,028	
울산광역시	9,251	6,115	3,213	9,992	10,171	13,936	6,646	

　　사업자가 공사를 시작하려면 시작 신고를 해야 하는데, 이것을 주택 착공이라고 한다. 주택 착공 신고 후 일반분양을 하기 때문에 앞에서 살펴봤던 분양 아파트로 입주물량을 구하는 개념과 동일하다. 다만 착공 신고와 일반 분양의 시차가 존재하기에 이를 감안하고 주택 착공 실적 물량을 봐야 한다. 어떻게 보면 주택건설 인허가 실적보다는 주택 착공 실적이 2~3년 뒤 공급량을 예측하기에 더 좋은 지표일 수 있다. 주택 인허가 실적과 착공 실적은 준공 실적을 찾는 방법(국토교통부 통계누리 사이트 또는 통계청)과 동일한 방법으로 찾으면 된다.

〈월 계〉 〈2017년 10월말 현재, 단위 : 호〉

구 분		실적	서울	인천	경기	부산	대구	광주	대전	울산	세종	강원	충북	충남	전북	전남	경북	경남	제주
총 계		34,823	4,269	908	13,423	5,314	278	1,517	508	292	24	896	702	1,222	1,988	579	641	1,696	566
공공부문		1,473	0	0	922	0	0	0	0	0	0	0	0	551	0	0	0	0	0
합	국민임대	0	0	0	0	0	0	0	0	0	0	0	0	0	0	0	0	0	0
	공공임대	1,473	0	0	922	0	0	0	0	0	0	0	0	551	0	0	0	0	0
	공공분양	0	0	0	0	0	0	0	0	0	0	0	0	0	0	0	0	0	0
지자체	소계	0	0	0	0	0	0	0	0	0	0	0	0	0	0	0	0	0	0
	국민임대	0	0	0	0	0	0	0	0	0	0	0	0	0	0	0	0	0	0
	공공임대	0	0	0	0	0	0	0	0	0	0	0	0	0	0	0	0	0	0
	공공분양	0	0	0	0	0	0	0	0	0	0	0	0	0	0	0	0	0	0
LH	소계	922	0	0	922	0	0	0	0	0	0	0	0	0	0	0	0	0	0
	국민임대	0	0	0	0	0	0	0	0	0	0	0	0	0	0	0	0	0	0
	공공임대	922	0	0	922	0	0	0	0	0	0	0	0	0	0	0	0	0	0
	공공분양	0	0	0	0	0	0	0	0	0	0	0	0	0	0	0	0	0	0
주택업체	소계	551	0	0	0	0	0	0	0	0	0	0	0	551	0	0	0	0	0
	국민임대	0	0	0	0	0	0	0	0	0	0	0	0	0	0	0	0	0	0
	공공임대	551	0	0	0	0	0	0	0	0	0	0	0	551	0	0	0	0	0
	공공분양	0	0	0	0	0	0	0	0	0	0	0	0	0	0	0	0	0	0
민간부문		33,350	4,269	908	12,501	5,314	278	1,517	508	292	24	896	702	671	1,988	579	641	1,696	566
민간	민간임대	2,530	579	0	594	0	0	158	0	0	0	0	0	0	0	225	0	974	0
	민간분양	30,820	3,690	908	11,907	5,314	278	1,359	508	292	24	896	702	671	1,988	354	641	722	566

서울과 경기도의 착공 실적 차트를 살펴보면 국토교통부의 준공 실적과 분양아파트 입주물량과 차이는 크게 나지 않는다. 그리고 공급 방향성도 크게 다르지 않다. 경기도 착공 실적을 보면 2015년에 약 19만 호의 상당히 많은 아파트가 착공되었는데 3년이 지난 2018년 시점에 약 15만 호가 입주한다. 그에 반해 2017년 착공 실적을 보면 8만 호 정도로 상당히 감소했는데 이 물량이 3년 뒤인 2020년에 입주한다고 생각하면 2020년에는 입주물량이 많지 않을 것으로 추정할 수 있다. 지역별 아파트 착공 실적 테이블을 보면 부산, 광주가 착공 실적이 증가하고 나머지 지역들은 보합 또는 감소하고 있다. 국토교통부의 착공 실적만 꾸준히 관리해도 2~3년 뒤의 공급량 추정이 가능하다. 따라서 국토교통부에서 매월 공개하는 인허가 실적과 착공 실적은 관심을 가지고 봐야 할 중요한 지표다.

서울. 경기 착공 실적

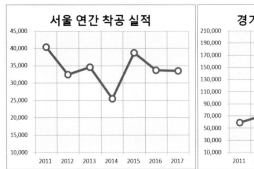

지역별 아파트 착공 실적

아파트 착공실적	2011	2012	2013	2014	2015	2016	2017	추세보기
서울특별시	40,400	32,476	34,624	25,505	38,735	33,710	33,484	
경기도	58,871	69,743	75,023	92,093	190,479	174,262	80,869	
인천광역시	9,962	7,997	7,801	5,346	22,947	8,619	6,083	
부산광역시	25,589	19,854	13,461	23,565	24,656	28,659	25,568	
대구광역시	4,685	11,290	21,675	25,032	15,156	12,910	6,376	
대전광역시	14,476	5,572	6,129	5,825	8,018	7,044	3,893	
세종특별자치시	-	8,589	15,596	15,791	14,382	11,520	1,410	
광주광역시	7,382	17,742	5,527	12,314	7,952	16,053	15,827	
울산광역시	7,043	10,004	6,367	6,268	11,765	12,606	3,493	

부동산 투자, 흐름이 정답이다

03

재개발·재건축 현황으로 공급물량 예측하기

█████ 서울, 부산과 같은 대도시 도심지에 대규모 단지의 아파트 공급을 하려면 대규모 부지가 필요한데, 이미 오래된 건축물로 포화상태인 도심지에 대규모 부지 찾기란 쉽지 않다. 1970년대, 1980년대에는 도시가 완전히 형성되기 전이기 때문에 택지를 개발해 대규모 아파트를 공급할 수 있었지만, 2000년대가 지나면서 도심지에 대단지 아파트를 지을 부지가 희소해졌다. 그 대안으로 도심지 외곽지역에 그린벨트로 묶인 지역이나 미개발된 지역을 지정해 신도시 건설이나 택지지구 개발을 많이 했다. 신도시나 택지지구는 도심지 접근성에서 약점을 가지고 있기 때문에 도심지 직주근접을 원하는 수요를 충족할 만한 해답이 되지 못한다. 따라서 원도심에 주택을 공급하기 위해서는 기존의 건축물을 철거할 수밖에 없는데 그 대상이 되는 곳들이 주거환경이 열악한 지역들이다.

서울과 부산은 과거 인구가 집약적으로 증가한 도시기 때문에 주거환경이 열악한 곳이 많다. 현재 단독주택 그리고 연립주택이라고 불리는 다세대 주택들은 건축 연한이 40년이 경과한 주택들이 많다. 건축 연한이 오래되면서 도로 및 기반시설들도 동시에 열악해져 주거환경이 좋지 못하게 된다. 이런 열악한 환경의 주거지역을 정부에서 환경 개선을 위해 도시재생 사업을 하려고 하지만 모두가 만족하는 사업을 하는 것은 아니다. 사업을 반대하는 비상대책위원회(비대위) 때문에 사업 진행이 지연되는 곳들도 많다. 재개발·재건축 사업을 진행하기 위해서 수천 억에서 수조 원의 비용이 필요하기 때문에 공적자금 투입이 사실 불가능하다. 만약 공적자금을 투입해서 개발이 가능하다면 임대아파트, 공원 등 공공목적을 위한 사업을 할 수 있을 것이다. 그러나 현실은 재개발·재건축 사업의 대부분이 아파트를 공급하는 역할에만 그치고 있고 아파트 공화국을 만드는 원인이 되기도 한다. 따라서 재개발·재건축 사업 현황을 두루 파악하고 있다면 아파트 시장의 흐름뿐만 아니라 공급 방향성에 대해서도 예측할 수 있게 된다.

　서울과 부산은 도심지 내 대단지 신규 아파트 공급을 위해서 여러 지역에서 재개발·재건축 사업을 하는 곳이 많다. 최근 몇 년간 이 두 지역에 공급된 신규 아파트의 면면을 보면 70% 이상이 재개발·재건축 사업지의 아파트들이다. 특히, 서울은 뉴타운이라고 불리는 대규모 재개발사업지의 아파트 공급이 급속도로 증가했다. 도심지 재개발·재건축 사업지는 교통, 학군, 편의시설 등의 기반시설들이 이미 완벽히 갖춰진 곳들이기에 입지환경 측면에서는 뛰어날 수밖에 없다. 이러한 이유로 실수요층과 투자수요층은 재개발·재건축 사업지에 분양하는 아파트로 대거 몰린다. 서울과 부산의 아파트 가격이 큰 폭으로 상승하는 이유도 다 이 때문이다.

문제는 아파트 시장이 활황일 때 많은 구역에서 사업을 조기에 끝내려고 해서 이런 사업 진행의 영향으로 추후 시장의 공급량이 부메랑처럼 돌아오게 된다. 아파트 시장이 활황일 때 사업 성공 확률도 높아지기에 이 시기에 일반분양을 많이 하게 된다. 부동산 시장이 장기간 활황이었던 부산은 2010년 이후부터 지금까지 재개발·재건축 사업 진행이 많이 되었고 앞으로도 많이 될 것이다. 이런 영향으로 2017~2021년까지 부산 입주물량은 연평균 2만 가구가 넘는 아파트가 입주하게 된다.

따라서 각 지역의 재개발·재건축 사업이 어떤 단계에 왔는지 전체적으로 파악하고 있다면 향후 시장에 공급되는 아파트의 양을 추정할 수 있게 된다. 서울과 부산은 친절하게 정비사업에 대한 전문 홈페이지가 있으므로 여기에서 정보를 확인하면 된다. 서울과 부산은 각각 클린업시스템(http://cleanup.seoul.go.kr)과, 정비사업통합홈페이지(http://dynamice.busan.go.kr)에서 모든 정비사업 구역의 정보를 공개하고 있다.

서울 재개발·재건축 클린업시스템

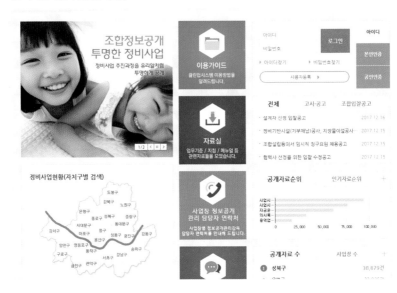

부산 정비사업 통합 홈페이지

부동산 투자, 흐름이 정답이다

서울, 부산을 제외한 타 도시의 정비사업 정보는 시·도 또는 정비사업 구역이 있는 행정구역에 직접 문의하면 필요한 정보를 확인할 수 있다. 뒤에서 보게되는 정비구역 리스트들은 필자가 서울, 부산의 정비구역을 추진 단계별로 정리한 것들이다. 단계별로 구역을 정리하는 이유는 한눈에 사업 진행 파악이 가능하고 이주 수요 파악하는 데도 도움이 되기 때문이다. 이주 수요가 많은 곳은 투자 시 좋은 호재가 될수 있기 때문에 미리 파악하고 있으면 좋다.

　서울 재개발·재건축 구역을 사업 진행 단계별로 정리한 후 향후 공급물량이 얼마 정도 될지 추정해보자. 2017년 하반기 기준으로 서울은 약 4~6만 호의 물량이 사업시행인가를 받았고, 관리처분인가를 받은 물량도 약 5~6만 호가량 된다. 서울 부동산 경기가 좋아서 재개발·재건축 사업 진행이 잘 된다면 앞으로 9~12만 호 정도의 물량이 시장에 나온다고 할 수 있다. 이 많은 물량이 짧은 시간에 동시에 공급된다면 서울의 부동산 가격은 하향 안정이 되겠지만, 재개발·재건축사업 특성상 변수가 많은 사업이기 때문에 동시에 공급될 가능성은 극히 낮다. 특히, 문재인 정부의 부동산 대책으로 재개발·재건축 사업이 위축될 가능성이 있고, 도시재생뉴딜 사업도 중단된 상황이다. 문제는 서울이 필요한 적정 공급물량이 5~6만 호 인데 반해 앞으로 재개발·재건축구역에서 공급되는 아파트의 물량이 현재 서울에 부족한 공급을 채울 수 없다는 것이다. 시장의 가격은 수요와 공급 법칙에 따르기 때문에 서울 부동산 가격도 이를 따를 가능성이 크다. 재개발재건축 사업이 위축된다고 해도 사업성이 높은 구역은 어떻게든 사업을 진행해야 되기에 이로 인한 이주수요는 계속 발생하게 된다. 부산 시장의 경험으로 시장을 보면 재개발·재건축 사업으로 인해 공급은 증가하지만, 이주 수요 또한 증가하기 때문에 시장의 공급을 어느 정도 상쇄시키는 역할을 했었다. 이주 수요의 이동에 의해 시장은 한 번 더 요동 칠 수 있다.

서울 재개발·재건축 현황 샘플

행정구역	구역명	구분	위치	세대수	동수	건폐율	용적율	시공사	진행단계							비고
									추진위원회	조합설립	사업시행	관리처분	착공	일반분양	준공	
강남구	개포주공3	재건축	개포동138	1235	12	21	250			2013.01				2016.06		
	개포주공2	재건축	개포동140	1839		18	250			2013.06	2014.05	2015.02	2015.12			
	개포주공5	재건축	개포동187													
	개포주공4	재건축	개포동189	3055		19	250			2013.11		2017.06				
	개포현대1	재건축	개포동653													
	개포시영	재건축	개포동656	2176	29	21	250			2013.08	2014.06		2017.08	2017.09		
	개포1동주공	재건축	개포동660-4			15	249			2003.10						
	경복아파트	재건축	논현동276	368		22	300			2003.09	2010.12		2012.05		2015.09	
	대치우성1	재건축	대치동63	662	7	25	300			2017.01						
	쌍용2차	재건축	대치동65	539	5	19	300			2015.07	2017.09					
	쌍용1차	재건축	대치동66	1105						2016.01						
	은마	재건축	대치동316	5811		19	308			2003.12						추진위원회
	대치국제	재건축	대치동612	240	4	27	247			2012.10					2017.06	
	청실	재건축	대치동633	1648		14	259			2013.05					2015.09	
	대치동구마을1	재건축	대치동963	454	10	26	241			2003.06	2015.10					
	대치동구마을3	재건축	대치동964	263	6	41	250			2014.09	2015.09					
	대치2지구	재건축	대치동977	268	6	35	220			2003.06	2005.10					
	개포럭키	재건축	도곡동462	157	2	26	299		2003.11							
	도곡동개포5차	재건축	도곡동463-1						2009.06							
	개포한신	재건축	도곡동464	819	8	20	300		2003.11	2017.11						

부산도 역시 많은 지역에서 동시다발로 재개발·재건축 사업이 진행되고 있기 때문에 부동산 시장이 갑자기 식지 않는 한 계속해서 일반분양물량이 시장에 공급될 것으로 추정된다. 사업시행 및 관리처분인가 단계에서 분양 대기하고 있는 부산의 물량은 사업

부동산 투자, 흐름이 정답이다

시행인가 약 2만 호, 관리처분인가가 약 4만 호로 무려 6만 호 정도 된다. 이런 물량들이 동시다발로 시장에 공급되지는 않겠지만, 그렇다고 하더라도 역대 최고의 정비사업물량이다. 물론 사업 각각의 단계마다 진행이 예상치 못하게 지연되는 일도 있기에 정확한 데이터라고 할 수는 없지만, 시장의 방향성 정도는 확인해볼 수 있다.

부산 재개발·재건축 현황 샘플

부산광역시 재개발·재건축 정비구역

행정구역	구역명	구분	위치	구역면적	세대수	동수	건폐율	용적율	시공자	조합전화	추진위원회	조합설립	사업시행	관리처분	착공	준공	비고
금정구	구서1구역	재건축	금정구 구서동 167 번지 일원	35,899	693	8	23.36	262.00	sk건설	051-516-7553					2014		
	부곡2구역	재개발	금정구 부곡동 279-0	125,797	1,780	24				051-518-0028	2006.01						
	장전3구역	재개발	금정구 장전동 657-0		1,938	12			삼성	051-517-5740						2017.09	2017년입주
	뉴물1구역	재건축	금정구 뉴물동 87-2							051-508-4052			2007				
	서금사촉진1구역	재개발	서동557-16		4,394	27						2009.10					
	서금사촉진5구역	재개발	서동302-1204		2,808					051-526-9832			2014.0?				
	서금사촉진10구역	도시환경	금정구 서동 210-5번지	90,701	3,756					051-521-8333							
남구	감만1구역	재개발	감만1동 312번지 일원	419,217	5,570	51	10.23	244.93	대우·동부	051-927-0090	2007.0?						뉴스테이
	대연1구역	재건축	대연동1995	164,280	3,149	30	18.57	286.71	롯데						2014.11		2018입주
	대연3구역	재건축	대연동 455-25							051-633-1103				2017.0?			
	대연3구역	재개발	대연2동 1619번지	250,963	3,566	31	17.9	244.60	현대산업외	051-638-6800			2017.07				
	대연4구역	재개발	대연동 1203번지	54,289	830	10	18.52	249.15	대우	051-624-1160					2016.12		
	대연5구역	재건축	대연동 1808	58,029	1,374	8	15.95	288.82	대우	051-624-2735			2017.08				조합원총회예정
	대연6구역	재개발	대연3동 630-1번지	35,821	965	9	16.16	266.95	gs건설	051-624-9495					2016.08		2019입주
	대연7구역	재개발	대연4동 1160-1번지	71,846	1,422	14	15.1	234.94	대우	051-66-0157					2015.06		2018입주
	대연8구역	재개발	대연4동 1346번지	45,948	1,174	12	20.49	272.97	sk건설	051-628-3281					2015.07		2018입주
	문현1구역	재개발	대연4동 1173번지	213,059	3,089	33	13.02	259.46	대우	051-625-6001	2008.07						
	문현1구역	재건축	문현1동 41														
	문현2구역	재개발	문현1동 557번지	135,222	2,195	33	20.59	529.73	현대두산	051-647-4496			2015.1?				
	문현4구역	재개발	문현1동 94번지	74,972							2006.06						
	용호3구역	재건축	용호2동 434번지	51,305	1,056	10	15.67	265.33	대우	051-628-1217			2008.0?				
	용호3구역	재개발	용호2동 549번지	68,360	1,361	16	15.14	259.21	태영포스	051-611-9993			2017.04				
	우암1구역	재개발	우암2동 189번지	100,459	2,482	17	17.3	258.15	포스진흥	051-633-9133					2017.1?		뉴스테이
	우암3구역	재개발	우암1동 129번지	148,865	2,421	25	20.39	235.53	대원	051-644-7789			2017.08				뉴스테이
	우암6구역	재개발	우암2동 127번지	28,250	506	9	19.95	210.9									

국토교통부에서도 전국의 재개발·재건축 사업 현황 정보를 제공하고 있지만 필요한 데이터를 충분히 제공하는 것은 아니므로 결국 직접 조사하는 것이 좋다.

국토교통부 통계누리 도시정비사업현황

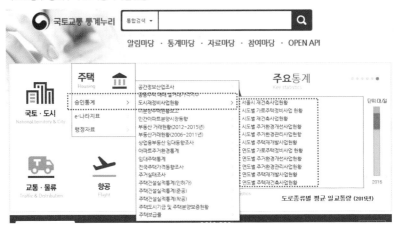

부동산 투자, 흐름이 정답이다

04

택지지구 현황으로
공급물량 예측하기

███████ 재개발·재건축 사업에 의한 아파트 공급이 도심지 위주라면 택지지구와 신도시는 도심지 외곽에 위치하는 경우가 많다. 서울에 인접한 경기도 일대에 위례신도시, 김포 한강신도시, 하남 미사지구, 고양 삼송지축지구 등 아주 많은 지역에서 택지지구 및 신도시가 건설 중이다.

경기도의 입주물량을 다시 한번 보자. 경기도의 입주물량 차트를 보면 2017~2019년까지 입주물량이 증가한다. 특히, 2018년의 입주물량은 약 15만 호인데 사상 최대의 물량이다. 경기도의 입주물량이 증가한 주원인은 사업 진행이 느리던 택지지구나 신도시 지역에서 2014년 부동산 상승 시기와 더불어 사업 진행에 탄력을 받고 입주가 집중되었기 때문이다.

수도권 택지지구·신도시 현황 목록을 보면 2017~2019년까지 경기도 입주물량은 서울 접근성이 좋은 지역뿐만 아니라 서울 접

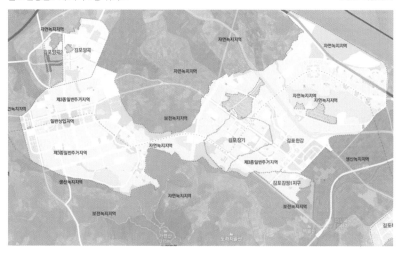

경기도 연간 아파트 입주물량(2010~2020년)

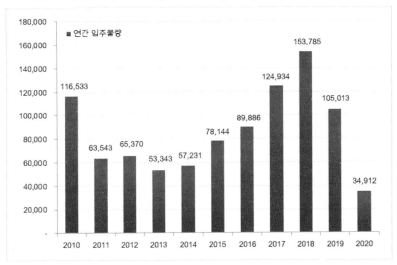

근성이 좋지 않은 경기도 남부권까지 여러 지역에 분포되어 있다. 그런데 2019년이 끝나면 많은 지역에서 입주가 마무리되기 때문에 2020년 이후부터는 경기도 입주물량이 감소하게 된다. 2020년 이후에는 화성, 평택, 동탄 등 서울 접근성이 떨어지는 경기도 남부권 지역에 입주물량이 많을 뿐이다. 박근혜 정부에서 추가 택지지구 지정이 중단되었기 때문에 경기도 택지지구의 아파트 공급은 당분간 감소 현상을 보일 것이다. 하지만 문재인 정부에서 다시 수도권 지역에 공공택지 공급을 확대한다는 11.29 주거복지 로드맵을 발표하면서 택지지구의 아파트 공급이 증가될 수 있다. 다만, 단시간에 공급이 될 수 없으므로 시장의 공급에 크게 기여하지는 못할 것이다.

지역	택지지구	입주년도
남양주시	다산신도시 (다산진건, 다산지금)	2017년 ~ 계속
구리시	갈매지구	2017년 ~ 2018년
하남시	미사강변도시, 현안 도시지구	2014년 ~ 2020년
고양시	삼송지구, 지축지구, 향동지구, 식사지구, 원흥지구	2016년 ~ 계속
파주시	파주운정신도시	2005년 ~ 계속
부천시	부천 옥길지구	~ 2017년
시흥시	은계지구, 목감지구, 장현지구, 배곧신도시	2017년 ~ 2020년
김포시	한강신도시, 풍무지구, 마송지구	2018년 ~ 계속
의정부시	민락지구, 고산지구	2017년 ~ 계속
양주시	양주 옥정지구, 회천지구	2017년 ~ 계속
광명시	광명역세권지구	2018년 ~ 2019년
과천시	과천지식정보타운	분양예정
군포시	송정지구	~ 2018년
성남시	위례신도시, 고등지구	2017년 ~ 2020년
수원시	광교신도시, 호매실지구, 권선지구	2004년~ 2020년
용인시	기흥역세권	2017년 ~ 2018년
평택시	고덕신도시, 신촌지구, 모산영산지구, 세교지구 소사벌지구, 용죽지구, 용이지구, 청북지구, 동삭지구	2019년 ~ 계속 2017년 ~ 2019년
화성시	동탄2신도시, 남양지구, 송산그린시티	2017년 ~ 계속
인천광역시	송도, 청라,영종도, 도화지구, 가정지구, 루원시티, 검단신도시, 용현학익지구, 동춘지구, 서창지구	2005년 ~ 계속 2012년 ~ 계속

　　이와 같이 택지지구나 신도시 현황을 정리해두면 향후 공급 방향성을 파악하기 쉽다. 수도권 지역은 범위가 넓으므로 택지지구를 정리하려면 많은 시간을 투자해야 한다. 그래서 필자도 완벽하게 정리하지는 못하지만, 공급 방향성을 판단하기 위해 대략적

인 정보들만 수집하는 편이다. 따라서 간편하게 정리하고 분석해서 시장을 보는 눈을 키우는 것이 좋다. 택지지구와 신도시 현황 조사는 최대한 빠르고 간단하게 한다.

첫째, 분양아파트의 입주물량을 정리하면서 어떤 위치에 입주하는 아파트인지 찾아보는 것이다. 분양아파트의 위치를 찾게 되면 택지지구인지 신도시인지 자연스럽게 알게 된다. 그래서 간단하게 메모한 다음, 한꺼번에 정리하면 된다.

둘째, 택지지구의 아파트를 분양하는 한국토지주택공사(LH)와 각 지역 도시공사의 홈페이지를 통해서 정보를 확인하는 방법이다. 한국토지주택공사 홈페이지에는 토지, 분양주택, 임대주택, 상가 등 유형별 공급계획을 찾을 수 있다. 필요한 지역의 정보를 정리해서 공급량을 추정해보면 된다.

한국토지주택공사 공급계획

셋째, 지도를 이용하는 방법이다. 지도를 보면서 택지지구를 파악하면 아주 빠른 속도로 현황 정리를 할 수 있다. 다음 지도나 네이버 지도를 지적도 기능으로 보면 택지지구 지명과 점선으로 된 구역을 확인할 수 있다. 지도를 보면 택지지구는 서울 외곽지역에 분포가 많이 되어 있음을 알 수 있다. 각각의 택지지구를 확대해 분양권 아파트의 세대수, 입주 시기, 평형 정보 등을 간단히 정리하면서 빠른 속도로 입주 시기와 세대수를 간단하게 정리한다. 경기도 같이 지역이 광범위한 곳의 택지지구를 파악할 때 유용하게 쓰이는 방법이다.

수도권 택지지구 위치도 (자료 : 다음지도)

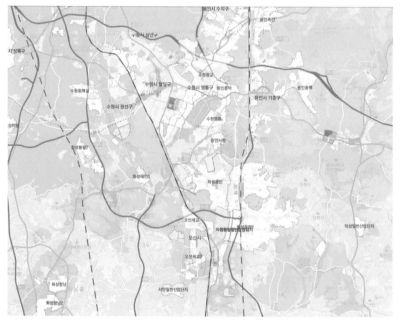

부동산 투자, 흐름이 정답이다

Part 5

투자 지역 선정과
분석하기

Part 5

앞에서는 부동산 가격의 흐름과 흐름의 변화 원인을 큰 틀에서 살펴봤고, 그런 것들은 부동산 투자를 하기 전에 반드시 알고 있어야 하는 내용들이다. 조금 귀찮더라도 관심 있는 지역이 있다면 그 지역을 조사·분석하고 생각한 후, 최종적으로 정리해서 기본적인 이론들을 자신의 것으로 만들어야 한다.

이번 장에서는 앞에서 살펴본 내용을 응용해 투자 유망한 지역을 찾고 분석하는 방법을 살펴보려고 한다. 대한민국 국토가 큰 편은 아니지만 투자할 지역을 막상 찾으려고 하면 처음부터 막막해진다. 따라서 투자 유망한 지역과 아파트를 찾기 위해서 어떤 방법으로 접근해야 하는지 구체적으로 살펴보고 그 지역을 분석하는 방법도 알아보자.

01

좋은 시그널을
보내주는 지역 찾기

투자 유망한 지역은 시장이 보내주는 지표 분석과 경험만 있으면 누구나 찾을 수 있다. 투자 경험은 단시간에 할 수 있는 것은 아니기 때문에 시장의 지표 분석을 통한 지역 선정도 하나의 방법이다. 시장의 지표를 인지하는 것은 본인의 의지만 있다면 단시간에도 습득이 가능하다.

다음의 그림은 누구나 쉽게 시장 흐름을 파악할 수 있는 부동산 흐름 사이클이다. 모든 지역의 부동산 흐름이 이 차트의 지표대로 움직이지는 않는다. 하지만 대도시의 부동산 시장이 이와 비슷한 지표대로 흘러왔기 때문에 참고해서 지역을 선정하면 도움이 될 것이다.

불황기	회복기	활황기	침체기
① 공급=수요	① 절대공급 부족	① 공급 증가	① 공급 과잉
② 전세가격 안정	② 전세가격 상승	② 전세가격 보합	② 전세가격 하락
③ 매매가격 안정	③ 매매가격 상승	③ 매매가격 상승	③ 매매가격 하락
④ 실거주자 진입	④ 실거주자 증대	④ 투자자 증대	④ 투자자 감소

부동산 완화 정책

공급 축소 방안

부동산 규제 정책

공급 확대 방안

① 거래량 보합	① 거래량 증가	① 분양권 거래량 증가	① 거래량 감소
② 악성 미분양 증가	② 미분양 감소	② 미분양 제로 수준	② 미분양 증가
③ 전세가율 안정	③ 전세가율 상승	③ 전세가율 보합	③ 전세가율 하락
④ 매수매도 안정	④ 매수세 증가	④ 매수세 증가	④ 매도세 증가
	⑤ 개발 사업 활발	⑤ 재개발 재건축 활황	⑤ 개발 사업 위축
		⑥ 이주 수요 증가	

2013년 하반기 서울의 부동산 시장 흐름이 회복기에 진입했을 때 투자한 사람들은 실력이든 운이든 상관없이 현재 큰 시세차익을 봤을 것인데, 집에 하자가 있지 않은 이상 서울 전 지역의 모든 아파트 가격이 2013년 하반기부터 상승했기 때문이다. 그 무엇을 잡았더라도 돈을 벌 수 있었던 시기였다고 할 수 있다. 그런 상승세는 2017년까지 이어지고 있다. 이런 시장이 가능했던 이유는 어떤 특정 지역의 아파트 공급이 부족했다기보다 서울 전 지역에서 공급 부족 현상이 발생했기에 가능했던 일이다. 따라서 투자 유망한 지역을 찾을 때는 우선 물량이 부족해지는 지역을 찾아야 한다. 우리는 이미 앞에서 공급물량과 매매가격의 상관관계를 살펴봤고 중요한 상관 관계가 있다는 것을 확인했기 때문에 공급물량이 부족해지는 지역을 찾으면 안정적인 투자가 가능하게 된다.

앞에서 부동산 가격 흐름, 핵심지표, 시장의 공급 예측들을 살펴본 이유는 결국 가장 안전한 시기에 가장 안전한 지역에 투자를 하기 위해서다.

투자 성향과 투자 방법은 사람마다 다르기 때문에 어떤 것이 정답이라고 말할 수는 없지만, 소중한 자산을 지키기 위해서 가장 안전한 시기에 가장 안전한 지역에 투자하는 것이 올바른 투자법이다. 실패할 확률이 적은 시기와 지역을 찾는 것은 결국 부동산 가격이 가장 쌀 때 사서 비싼 가격에 차익을 보고 되파는 것이라고 할 수 있다. 부동산 가격이 싸다고 생각하는 판단 기준은 투자

부동산 투자, 흐름이 정답이다

하는 사람들마다 다르기 때문에 그 기준을 가격으로 판단하는 것은 사실 어렵다. 부동산 경험이 많은 사람들은 가격 하나만 보고 매수 타이밍을 잡기도 한다는데 부동산을 시작하는 사람들은 이런 방법이 쉽지가 않다. 따라서 안전한 투자를 하기 위해서는 회복기에 진입하는 시장을 끊임없이 찾으려고 해야 한다. 시장이 반등하는 시점이 투자하기에 가장 안전한 시기이며 적은 금액으로도 얼마든지 수익을 볼 수 있는 시기다.

공급이 부족해지는 지역이 있다면 그 지역은 유심히 지켜볼 필요가 있으며, 부동산 가격까지 저평가된 지역이라면 시장이 보내는 지표의 시그널을 보고 투자 타이밍을 잡아야 한다. 부동산 가격이 회복기로 진입했음을 알려주는 지표는 여러 가지가 있다. 앞에서 살펴봤던 전세가율, 미분양수, 거래량 등의 지표들을 활용해 회복되고 있는 시장을 찾으면 된다. 2013년 하반기에 회복기에 진입한 서울의 몇 가지 지표들이 보내고 있는 시그널을 복기해보자.

서울은 2014년 5만 호의 물량이 입주한 이후 2015~2019년까지는 연평균 약 4만 호가 되지 않는 물량이 입주했거나 입주할 예정이다. 서울이 필요한 적정공급물량이 5~6만 호라고 가정했을 경우 4만 호의 물량은 부족하다는 인식이 많을 수밖에 없다. 2014년 이전의 물량을 다시 확인해보면 2010~2013년까지 4년간의 입주물량은 평균 3만 3,000호로 상당히 부족한 시기였음을 알 수 있다.

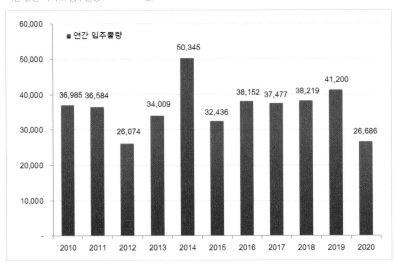

서울 미분양 현황   (자료 : 국토교통부)

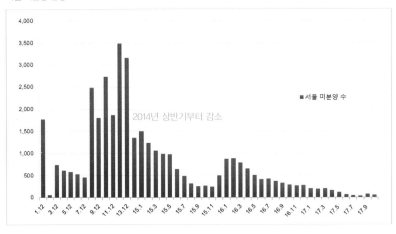

부동산 투자, 흐름이 정답이다

입주물량 부족 현상이 지속되고 있는 지역이라면 시장의 흐름에 좋은 시그널을 주는 미분양, 전세수급, 매수세, 거래량 등 핵심지표들도 반드시 확인해야 한다. 서울 미분양은 2014년 상반기부터 감소 현상이 뚜렷하다. 서울에 아파트 공급이 부족하기에 미분양 아파트가 소진되는 것은 당연한 현상이다.

미분양 지표의 추세를 지켜본 후 감소 현상이 뚜렷하다면 실수요의 동향도 확인해본다. 아파트 공급이 부족하면 전세 매물 또한 찾기가 쉽지 않기 때문에 전세 수급지수가 빠르게 상승하게 된다. 서울 전세수급지수는 2012년부터 2013년 하반기까지 상승폭이 컸었다. 2014년 상반기 전세수급지수가 잠시 하락했지만, 2014년 하반기부터 다시 상승했었다. 문제는 2015년 하반기부터 전세수급지수가 계속 하락하고 있는데 서울 시장이 실수요의 힘이 많이 약해졌다는 의미로 해석할 수 있다. 그럼에도 서울 아파트 가격이 상승하고 있는 이유는 실수요와 투자 수요가 시장에 함께 참여하고 있기 때문이다. 결론적으로 2013년 전후로 전세수급지수가 강하게 나타났기 때문에 이때가 실수요의 에너지가 살아났다는 시점으로 판단해야 한다.

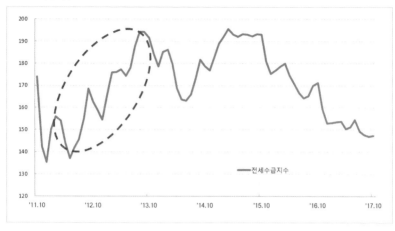

서울 매수우위지수 (자료: KB 부동산)

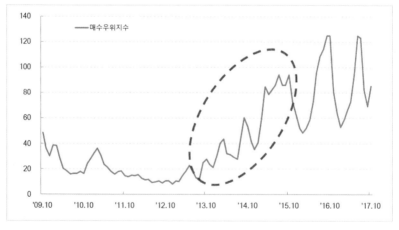

부동산 투자, 흐름이 정답이다

매수우위지수는 시장의 장기적인 추세를 확인하기 좋은 지표다. 그런 의미에서 서울의 매수우위지수는 2012년 하반기에 상승세로 전환이 되어 2017년까지 우상향하고 있는 모습이다. 서울 아파트 가격은 2013년 하반기에 회복기로 진입했기 때문에 매수우위지수는 2012년부터 이미 좋은 시그널을 보내고 있었다. 앞에서 살펴봤지만, 매수우위지수는 한번 흐름을 타면 단시간에 흐름이 전환되지 않는 특성을 보인다. 2012~2017년까지 상승과 하락을 반복하고 있지만, 지수의 최고점을 이어보면 계속 우상향하고 있다.

　　서울 아파트 거래량 역시 2012년 하반기 이후부터 증가하는 모습을 볼 수 있다. 가격의 선행지표인 거래량이 증가하게 되면 시장의 추세가 전환될 것을 예상해야 한다.

서울 아파트 월별 거래량　　　　　　　　　　　　　　　　　　(자료: 한국감정원)

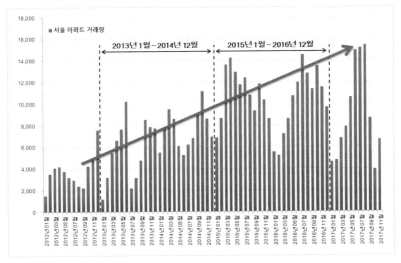

결과론적 분석이지만 공급물량과 핵심지표만으로도 2013년 서울의 아파트 가격이 회복하리라는 것을 짐작할 수 있었다. 2013년 하반기부터 시장이 회복하는 것을 감지한 투자자들은 이 시기부터 서울과 수도권에 진입하기 시작했다. 수도권의 부동산 전망을 낙관적으로 보는 사람들이 많지 않음에도 이 시기에 들어갈 수 있었던 이유는 확신이 있었기 때문이다. 과감해지려면 확신이 서야 한다. 따라서 2013년과 같은 서울 시장이 다시 온다고 하면 기회를 잡을 수 있는 안목을 키워야 한다.

경기, 인천, 부산, 대구, 대전 등 다른 지역의 진입 시기도 부동산 흐름 사이클 모형을 참고해서 서울과 같은 방법으로 찾아내면 된다. 지표 분석 후 투자 지역을 최종적으로 결정하기 위해 나만의 체크리스트를 만들어서 관리하는 것도 하나의 방법이다.

투자 지역 체크리스트 샘플

지역	가격	물량	거래량	미분양	전세가율	전세수급	매수우위	투자순위
서울	저평가	부족	활발	감소	60%	활발	활발	1
경기도	저평가	부족	활발	감소	60%	활발	활발	2
인천	저평가	부족	보합	감소	60%	활발	활발	3
부산	고평가	초과	활발	증가	70%	보합	보합	4
대구	고평가	초과	활발	증가	70%	침체	침체	5
대전	저평가	보합	침체	보합	80%	활발	침체	6
광주	고평가	보합	보합	보합	80%	보합	침체	7
울산	저평가	보합	보합	증가	70%	보합	침체	8

부동산 투자, 흐름이 정답이다

02

지역 분석
들어가기

███████ 투자할 지역을 찾았다면, 그다음에는 지역 분석을 통해 직접 투자할 아파트를 찾아야 한다. 지역 분석이 필요한 이유는 최소한의 투자금으로 최대의 수익률을 올릴 수 있는 부동산을 찾기 위한 목적이 크다. 한마디로 가성비가 높은 아파트를 찾는 데 필요한 과정이다. 지역 분석을 하지 않는다고 해서 투자를 실패하는 것은 아니다. 그러나 투자금이 100~200만 원 하는 것도 아니고 최소 몇천만 원에서 몇억이 들어가는 일인데, 마트에서 물건 사듯이 할 수는 없지 않은가. 따라서 수익률이 좀 더 높고 안전한 부동산을 찾기 위해 지역 분석은 필요하다. 그럼 지역 분석을 위해 어떤 부분을 중점적으로 살펴봐야 하는지 생각해보자. 교통? 학군? 조망? 물론 이러한 환경들도 중요하지만, 그에 앞서 분석해야 하는 것들이 있다.

- 자치구별 현황과 특징
- 자치구별 아파트 가격 변화 분석과 원인
- 자치구별 입주물량
- 핵심 개발 계획과 정비구역 현황
- 면적별 입주물량
- 전세가율이 높은 지역

서울같이 광범위한 지역들은 지역 분석을 할 때 조사해야 할 것들이 많다. 두서없이 생각나는 대로 분석하게 되면 효율적이지 못하고 재미도 없다.

내가 거주하고 있는 지역은 조금만 분석하면 지역에 대한 많은 정보를 확인할 수 있다. 하지만 연고지가 없고 살면서 한 번도 가보지 못한 지역을 분석하기는 쉽지가 않다. 다행인 것은 인터넷과 스마트폰의 발달로 직접 현장을 가보지 않아도 80~90%는 손품으로 지역 분석이 가능해졌다는 것이다. 필자는 현장에 가보기 전에 손품으로 80~90%의 정보를 분석하고 정리한 다음, 현장에서 나머지 10%의 정보를 채우고 손품으로 수집한 80~90%의 정보가 맞는지 최종 확인만 할 뿐이다. 이러한 지역 분석 없이 무작정 현장으로 가서 정보를 얻게 되면 그 정보가 맞는지 판단이 서지 않을뿐더러 정보를 받아들일 준비가 되지 않은 상황에서 많은 정보를 듣다 보면 판단이 흐려져 옳지 못한 투자를 할 가능성이 높다. 따라서 투자하기 전 반드시 정보를 수집하고 정리해서 나만의 기준을 세워야 한다. 수도권의 광범위한 지역과 인구가 적은 지역을 분석할 때 소요되는 시간은 분명히 다르고 접근 방법도 달라야 한다. 현재 부동산 시장의 흐름이 좋은 서울을 지역 분석한다고 생각해보자. 서울은 여행으로만 몇 번 가봤을 뿐 연고지가 없고 서울 부동산에 대한 그 어떤 정보도 없다고 가정해보자.

03

자치구별 현황
파악하기

▄▄▄▄ 각 지역의 자치구를 확인하기 위해 제일 좋은 방법은 해당 시·도 공식 홈페이지를 이용하는 방법이다. 서울은 시청 홈페이지(http://www.seoul.go.kr)를 최대한 활용하면 서울의 역사, 인구, 자치구 정보, 개발 호재 등 서울 부동산에 관련된 정보들을 생각보다 많이 얻을 수 있다. 그리고 지역 분석 시 또 다른 좋은 방법은 지도로 정보를 확인하는 것이다. 서울시는 자체적으로 지도를 제공해 정보를 확인할 수 있도록 하고 있지만, 그렇지 않은 곳도 많다. 만약 자치구 지도가 없다면 네이버 지도나 다음 지도 같은 포털사이트 지도를 이용해도 된다. 지도를 보며 자치구 위치와 이름을 함께 파악하는 것부터 시작해야 한다. 서울은 한강의 남쪽을 강남권, 한강의 북쪽을 강북권이라고 불린다. 사실 강남권이라고 하면 강남구, 서초구, 송파구를 통칭하는 지명이라고 보통 생각하지만 여기에서 말하는 강남권은 위치상의 지명을 의미한다

208   부동산 투자, 흐름이 정답이다

고 생각하면 된다. 서울은 강남권 11개 구, 강북권 14개 구 총 25개 자치구로 되어 있으며, 25개 자치구의 인구는 서울시청 홈페이지에서 정보를 확인할 수 있고, 통계청이나 국토교통부 통계누리에서도 확인할 수 있다. 서울 전체 인구는 계속 감소하고 있어서 최근 천만 명 선이 무너졌고 자치구별 인구는 반드시 알고 있어야 한다. 앞에서 우리는 서울의 과거 입주물량을 정리하는 방법을 살펴봤었다. 입주물량을 정리하면서 도시형성과정이나 주거문화 변화 등을 분석하는 방법도 간략하게 소개했었는데, 그와 같은 방법으로 물량분석과 지역 분석을 동시에 했다면 추후 지역 분석할 때 시간 단축을 할 수 있다.

서울 25개 자치구 지도 (자료 : 서울시)

자치구별 지명과 위치 확인후, 각 자치구의 부동산 평균 가격을 파악해야 한다. 부동산 가격으로 그 지역의 모든 것을 평가할 수는 없지만, 대체적으로 부동산 가격이 높은 곳이 입지(교통, 학군)와 주거환경이 우수하고, 실수요자와 투자 수요가 선호하는 지역이라 할 수 있다. 따라서 모르는 지역일 경우는 자치구별 가격 순위로 지역을 먼저 파악하는 것도 하나의 방법이다.

서울 자치구별 평균 가격을 가장 쉽게 확인할 수 있는 방법은 KB부동산 홈페이지(http://nland.kbstar.com)를 이용하는 것이다. KB부동산에서 확인하는 방법은 두 가지인데, 하나는 홈페이지 화면에서 차트 정보를 보는 방법이며 다른 하나는 KB부동산 시계열 자료에서 데이터를 보는 방법이다. 두 가지 방법 중 조금 더 간단한 방법은 전자다. KB부동산 홈페이지의 시세 부분으로 들어간 후 화면 하단 부분으로 내려가면 서울의 자치구별 면적당 가격 순위 확인이 가능한데 친절하게도 차트로 정보를 제공하고 있어 가시성이 좋다.

KB부동산 시세 확인 방법

KB부동산 자치구별 면적당 가격 순위

아래 표는 서울 자치구별 면적당(1㎡) 가격이 높은 순위이다. 역시 예상했던 대로 강남 3구 자치구들이 강세를 보이고 있으며 강북권 중에서 용산구와 성동구가 두드러져 보인다. 하위 10개 지역 중 강남권 3개 지역(관악구, 구로구, 금천구)을 제외하고 7개 지역이 강북권에 있다. 그만큼 서울 부동산 가격은 강남권이 주도하고 있다는 의미다.

서울 자치구별 면적당 아파트 평균 가격 순위(단위 : 만 원)   (자료 : KB부동산)

1. 강남구 (4,290)	6. 성동구 (2,215)	11. 종로구 (2,026)	16. 동대문구 (1,517)	21. 구로구 (1,369)
2. 서초구 (3,712)	7. 강동구 (2,175)	12. 영등포구 (1,947)	17. 성북구 (1,445)	22. 강북구 (1,286)
3. 송파구 (2,942)	8. 마포구 (2,149)	13. 동작구 (1,881)	18. 관악구 (1,428)	23. 금천구 (1,253)
4. 용산구 (2,721)	9. 광진구 (2,089)	14. 강서구 (1,706)	19. 은평구 (1,428)	24. 중랑구 (1,223)
5. 양천구 (2,235)	10. 중구 (2,040)	15. 서대문구 (1,640)	20. 노원구 (1,385)	25. 도봉구 (1,207)

서울 상위 5개 지역과 하위 5개 지역의 특징을 분석해보자. 앞에서도 설명했지만, 필자는 처음 지역 분석할 때는 지도를 최대한 활용한다. 지도를 보면 어떤 지역이 중요한지, 그 지역의 교통은 어떤지 또 어떤 아파트들이 있는지 빠른 시간에 파악할 수 있다. 다음(daum) 지도의 지적·경계 기능으로 서울을 살펴보자.

지도를 보면 서울 면적의 대부분이 노란색 계열로 분포되어 있는데 이것은 주거지역이 서울 면적의 대부분을 차지한다는 의미다. 1종 주거지역, 2종 주거지역, 3종 주거지역에 따라 노란색 밝기가 조금 다르긴 하지만 대부분 면적이 주거지역임을 알 수 있

부동산 투자, 흐름이 정답이다

다. 그런데 지도 중간중간 분홍색 계열의 색깔이 작은 면적을 차지하고 있는 지역(붉은색 원)도 일부 보인다. 지도상으로는 크게 보이지 않는다고 생각하지만, 서울 전체 면적을 고려한다면 상당히 넓은 지역으로 분포되었다고 할 수 있다. 분홍색 계열은 중심상업지역을 나타내는 곳인데 종로구와 중구 지역의 상업지역, 강남구 상업지역, 송파구 상업지역, 영등포구(여의도) 상업지역이 지도상에 보인다. 그리고 푸른색 계열의 공업지역도 보이는데 영등포구, 구로구, 금천구 일대의 공업지역과 성동구 주변 공업지역이 대표적이다. 최근 기업들이 입주하고 있는 마곡단지의 강서구도 새로 부상하는 공업지역이다. 이런 상업지역과 공업지역의 특징을 살펴보기 위해 해당 지역을 조금 확대해서 볼 필요가 있다.

서울특별시 지적도 (자료 : 다음 지도)

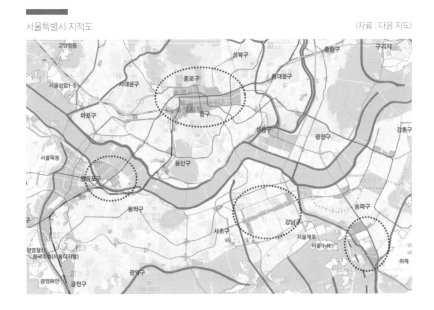

중심상업지역의 양대 산맥인 종로구 일대와 강남구 일대의 지도를 확대해서 보면 먼저 눈에 들어오는 것은 얽히고설킨 여러 노선의 지하철들이다. 종로구 중심상업지역의 지하철 노선을 확인해보면 1호선, 2호선, 3호선, 4호선, 5호선 등 5개 지하철 노선이 관통하고 있다. 주거지역에서는 볼 수 없는 특징인데 그만큼 유동인구가 많고 사람들이 이곳으로 집중된다고 생각해볼 수 있다. 지적·경계 버전의 위장막을 벗어버리고 위성 이미지의 지도를 보면 중심상업지역의 특징을 파악할 수 있다. 즉 건물명으로 건축물의 용도를 확인할 수 있다는 의미다. 경복궁과 시청 라인, 시청과 서울역 라인을 따라 많은 빌딩이 있고 그 빌딩들은 화이트칼라 직장인들이 일하는 곳이다. 그리고 경복궁, 창덕궁과 같은 문화재가 있는 관광지와 명동거리, 청계천, 동대문과 같은 놀 거리가 있는 관광지가 있다. 종로구 일대 상업지역은 일자리와 관광지가 공존하는 지역임을 지도로 충분히 확인할 수 있다. 이런 지역은 당연히 유동인구가 많을 것이고 대중교통이 집중될 수밖에 없는 환경이다. 따라서 이곳으로 출퇴근하는 사람들이 직장과 너무 멀지 않은 곳에 거주할 가능성이 상당히 크기 때문에 지하철 1, 2, 3, 4, 5호선을 환승 없이 한 번에 이용할 수 있는 위치의 주거지역이면 수요가 높을 것이라고 생각해볼 수 있다.

이처럼 이곳에 직접 가보지 않고 지도만으로도 많은 정보를 확인할 수 있음을 충분히 알 수 있다. 따라서 지도 보는 것을 습관화하면 빠른 지역 분석이 가능하다.

부동산 투자, 흐름이 정답이다

서울 종로구 일대 중심상업지역 지적도 (자료 : 다음 지도)

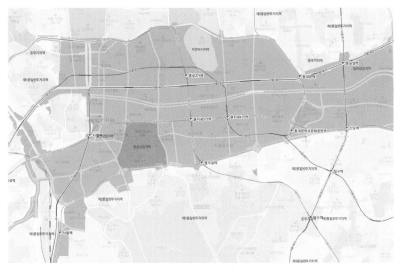

서울 종로구 일대 중심상업지역 위성 지도 (자료 : 다음 지도)

이번에는 강남구 중심상업지역을 확인해보자. 강남구 지적도를 보면 앞에서 본 종로구 지적도 이미지와 조금 다른 모습을 볼수 있다. 종로구는 북악산과 남산에 둘러싸여 있으며 많은 관광지에 의해 주변에 주거지역이 확장되지 않은 모습이었다. 하지만 강남구의 지적도를 확인해보면 중심부에 중심상업지역이 있고 상업지역 주변으로는 주거지역이 밀집되어 있다. 지도상 지하철 노선을 보면 2호선, 3호선, 7호선, 9호선, 분당선 등 5개 노선이 강남구를 관통하는데 종로구의 5개 노선이 관통하는 것과 같다.

서울 강남구 중심상업지역 지적도 　　　　　　　　　　　　　　(자료 : 다음 지도)

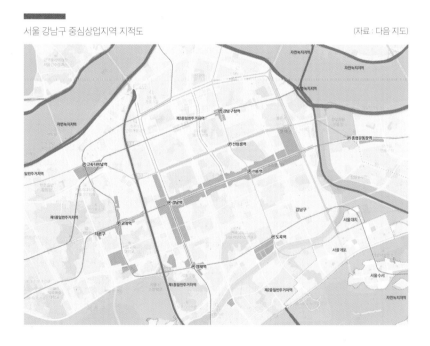

그리고 강남구 위성 지도를 보면 중심상업지역에는 오피스 빌딩들이 가득 차 있고, 강남역 일대에는 관광과 쇼핑을 할 수 있는 환경도 갖춰져 있다. 중심상업지역 주변으로 제1종 일반주거지역과 제2종 일반주거지역 제한으로 단독주택이나 저층 다세대주택들이 밀집해 있다. 강남 중심상업지역의 오피스 빌딩에는 기업 본사가 많이 밀집된 곳이다. 이곳은 소득이 높은 직장이 많기 때문에 이곳에 일하는 사람들은 직장과 가깝고 주거환경이 뛰어난 곳에 살고 싶어 한다. 소득이 높으면 아이들 교육에도 관심이 많으므로 학군이 좋은 지역을 선호할 수도 있다. 그리고 한강 조망까지 뛰어나다면 비싼 값을 지불하더라도 거주하려는 욕구는 크다. 게다가 강남은 교통까지 뛰어나다. 5개의 노선으로 서울 어디든지 가기 편하고 고속터미널이 있어 전국 어디든지 가기가 편하다. 아파트 가격이 높을 수밖에 없는 모든 조건을 갖추었다고 할 수 있다. 강남구와 인접한 송파구, 서초구 역시 주거환경이 강남구 못지않게 뛰어나기 때문에 아파트 가격이 높을 수밖에 없다. 서울 면적당 아파트 가격이 높은 곳에 강남구, 송파구, 서초구가 5위권 내에 있는 이유다. 사실 대한민국에 사는 사람이라면 서울 강남에 한번도 가본적이 없어도 너무 유명한 지명이라서 이렇게 분석하지 않아도 입지가 좋은 곳임을 이미 알고 있다.

면저당 평균 가격이 히위권에 있는 구로구, 강북구, 금천구, 중랑구, 도봉구는 왜 가격이 낮은지 지도를 보고 확인해보자. 구로구와 금천구 지적도를 보면 푸른색의 준공업 지역이 눈에 들어온다. 분명 우리가 알고 있는 것은 일자리가 많은 지역은 수요가 많아서 아파트 가격이 높을 것 같지만, 구로구와 금천구 일대 아파트 가격은 낮게 형성되어 있다. 그 이유는 준공업지역 특성 때문인데 지금은 산업구조가 바뀌어 주로 정보기술 산업 기업들이 입점해 있지만, 과거에는 제조업 중심의 기업들이 구로공단을 이끌었다. 꼭 서울이 아니더라도 우리가 사는 지역의 제조업 산업단지가 많은 곳의 주거환경을 생각해보자. 모두가 그렇지는 않겠지만 대부분 제조업 산업 단지 주변의 주거 환경은 좋지가 못하

218

다. 그리고 강남구 중심상업지역의 오피스 빌딩에 종사하는 사람들과의 소득에서도 차이가 난다. 소득이 낮은 종사자들이 많으니 주거 또한 비싼 값을 지불할 수 없게 된다. 이러한 이유로 구로구나 금천구 부동산 가격이 낮게 형성되어 있다. 더욱이 교통 환경 측면에서도 다른 지역에 비해 우위를 가졌다고 할 수 없다. 1호선, 2호선, 7호선이 있지만, 주거지역이 많은 곳보다는 산업 단지를 경유하고 1호선의 경우 일부 지역에서는 도로 단절을 시켜 주거환경을 악화시키고 있기도 하다.

서울 구로구, 금천구 일대 준공업지역 지적도 (자료 : 다음 지도)

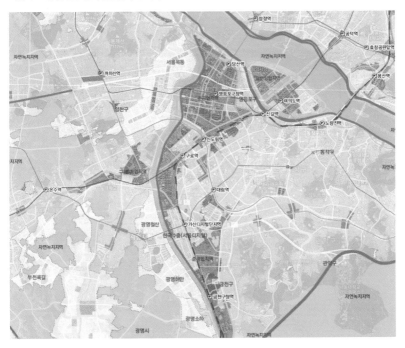

면적당 평균 가격이 하위권인 강북구, 중랑구, 도봉구도 확인
해보자. 세 지역은 서울 중심지역과 거리가 너무 멀어 보인다. 이
곳에 거주하게 되면 종로구와 강남구의 중심상업지역까지 출퇴근
시간이 너무 많이 소요된다. 심지어 이곳에서 강남권으로 한 번에
갈 수 있는 지하철도 없다. 그렇다고 이 지역에 인구가 유입될 만
한 특별한 개발계획이 있는 것도 아니다. 하위 5위권에는 없지만,
노원구와 은평구 역시 서울 중심지역과 거리가 멀기 때문에 아파
트 가격이 낮게 형성되어 있는 것이다.

서울 강북권 일대 지적도　　　　　　　　　　　　　　　　　　(자료 : 다음 지도)

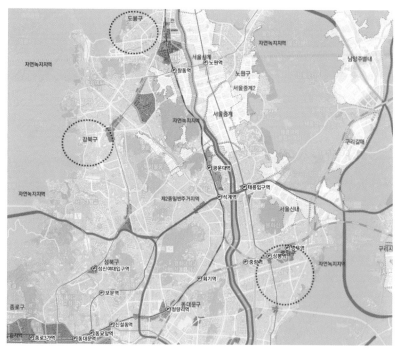

　　　　　　　　　　　　　　　　　　부동산 투자, 흐름이 정답이다

지금까지 지도를 이용해 지역 분석을 하는 방법을 살펴봤다. 별거 아닌 것 같지만 지도의 힘은 대단하다. 면적당 가격이 높은 지역과 낮은 지역을 단시간에 찾을 수 있고 빠른 시간 내에 지역의 특성을 파악할 수 있다. 그렇기 때문에 지도 보는 것을 습관화해야 한다. 서울뿐만 아니라 다른 지역도 이와 같이 분석하면 된다.

지도를 이용해서 서울 전 지역을 대략적으로 파악한 후 지도로 확인이 어려운 요소들은 하나씩 확인해나가면 된다. 예를 들어 교통·학군·상권에 대한 부분은 더 상세하게 확인해 접근해야 한다.

04

가격 변화도
순서가 있다

■■■■■ 입지환경보다 가격 흐름을 먼저 확인해야 하는 이유는 몇 가지가 있다.

첫째, 투자금의 한계 때문이다. 입지가 좋다는 곳은 대부분 가격이 비싸기 마련이다. 가격이 비싼 곳은 언론을 통해 그 지명들을 수없이 들어왔기 때문에 분석하지 않아도 어떤 곳이 비싸고 좋은지 충분히 알고 있다. 서울의 강남, 부산의 해운대구, 대구의 수성구, 대전의 서구라는 것이 바로 떠오르듯이 말이다. 물론 그 지역 내에서도 입지가 좋고 나쁜 아파트를 다시 세분화하면 여러 단지들이 있을 것이다. 이런 지역 중 입지가 좋은 곳은 자금력이 부족해서 접근조차 할 수가 없다. 투자할 수도 없는 곳을 몇 날 며칠을 분석해보는 것이 무슨 소용이 있겠나. 따라서 내가 가진 자산 상황에 따라 투자할 수 있는 지역을 찾는 것이 먼저이고, 입지환경은 후순위로 분석하는 것이 좋다고 생각한다.

부동산 투자, 흐름이 정답이다

둘째, 입지환경이 좋은 곳이라고 영원한 가격 상승이 있는 것은 아니다. 2009년 이후 서울 부동산 시장이 침체기에 빠지면서 서울의 대부분 아파트 가격이 하락했다. 중대형 아파트는 폭락했고 소형아파트 가격은 상대적으로 하락 폭이 심하지 않았다. 그 당시 입지환경이 좋은 곳은 가격이 상승했냐고 물어본다면 그렇지도 않았다. 서울 강남구 리센츠 아파트 가격을 보자. 만약 어떤 사람이 2011년에 집을 매수해서 2년 뒤인 2013년에 매도했다면 손해를 보고 처분해야 했다. 만약 실거주성이 강해서 처분하지 않고 현재까지 보유했다면 상당한 가격 상승률을 보였겠지만, 투자로 접근했었다면 실패했을 가능성이 컸던 시기였다. 물론 강남에 이렇게 투자하는 사람들은 많지 않을 것이다. 강남은 언제나 투자 1순위 지역이기 때문에 한번 사게 되면 오랫동안 보유하려는 심리가 강하다. 다만 장기간 보유하더라도 무조건 상승하는 시기만 있는 것은 아님을 강조하고 싶다. 입지환경이 좋은 아파트를 선택할 때는 투자 시기가 있다. 시기에 상관없이 무조건 입지를 찾아 투자하는 것보다는 가격 흐름을 보고 입지 투자를 해야하지 않을까 생각한다.

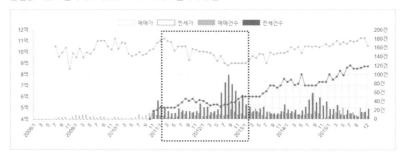

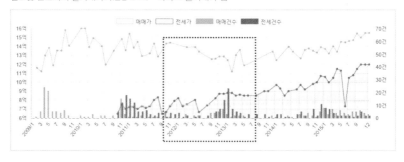

서울 지역별, 아파트단지별 가격을 파악하는 것은 가성비 높은 곳을 찾기 위한 목적이 크다. 아무리 자금에 맞춰 투자한다고 해도 가격 상승이 더딘 곳에 투자하면 시간과 돈이 너무 아깝다. 부동산 가격 흐름이 상승 곡선을 타고 있을 때, 가격 상승이 빠른 지역이 있기도 하지만, 느린 지역도 분명히 존재한다. 그리고 가격 상승 폭이 큰 지역이 있기도 하지만, 상대적으로 상승 폭이 낮은 지역도 있다. 이왕이면 상승 폭이 높고 상승 속도가 빠른 곳을 찾아서 투자하고 싶은 것이 사람의 심리다. 그런 곳을 찾기 위해서 자치구별 아파트 가격이 어떻게 변화됐는지 분석해보면 되는 것이다.

2002~2012년까지 약 10년간 서울 권역별 가격 변화를 살펴보자. 이 시기에 강남구, 송파구, 서초구, 강동구가 있는 강남권의 매매가격은 서울 평균 매매가격(붉은 선)보다 상승 폭이 컸었고 상승 속도도 빨랐다. 대신 매매가격이 하락할 때는 서울 평균가격보다 먼저 하락했으며 하락 폭도 컸다. 강남권은 투자 수요가 많은 지역이기 때문에 가격 변동성이 큰 지역이다.

서울 강남권 아파트 매매가격지수   (자료 : KB부동산)

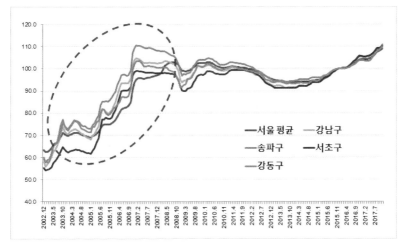

2002~2012년까지 약 10년간 서남권의 가격 변화를 살펴보자. 서남권은 강남권을 제외한 나머지 지역인 강서구, 구로구, 금천구, 영등포구, 관악구, 동작구, 양천구를 포함했다. 서남권 매매 가격 변화는 강남권의 가격보다 변화가 크지 않았었고 서남권의 가격 상승 폭은 서울 평균가격과 비슷한 흐름을 보였다. 다만 양천구의 가격 변화는 마치 강남권의 매매가격 변화와 유사했다.

서울 서남권 아파트 매매가격지수   (자료 : KB부동산)

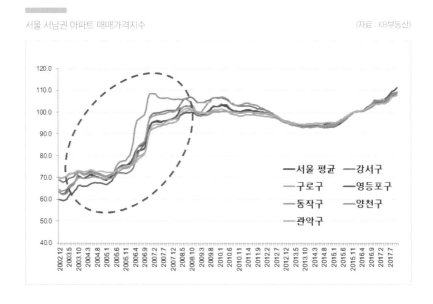

　　　　　　　　　　　　　　부동산 투자, 흐름이 정답이다

2002~2012년까지 약 10년간 용산구, 종로구, 중구가 있는 도심권 지역은 2002~2006년까지 서울 평균가격보다 높은 가격을 형성하고 있었지만, 2007년 이후에는 서울 평균가격과 유사한 변화를 보였다. 용산구만이 서울 평균 매매가격보다 높은 가격을 유지했다.

서울 도심권 아파트 매매가격지수   (자료 : KB부동산)

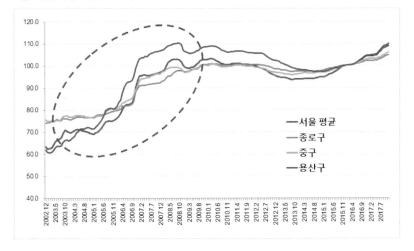

2002~2012년까지 약 10년간 광진구, 동대문구, 성동구, 중랑구가 있는 동서울권의 가격 변화를 살펴보자. 이 지역은 성동구, 광진구와 동대문구, 중랑구가 다른 변화를 보이는데 한강을 끼고 있는 지역과 그렇지 않은 지역의 가격 차이라고 할 수 있다. 성동구와 광진구는 서울 평균 매매가격보다 가격 상승세가 높았고, 동대문구와 중랑구는 서울 평균 매매가격보다 상승세가 낮았다.

서울 동서울권 아파트 매매가격지수

(자료 : KB부동산)

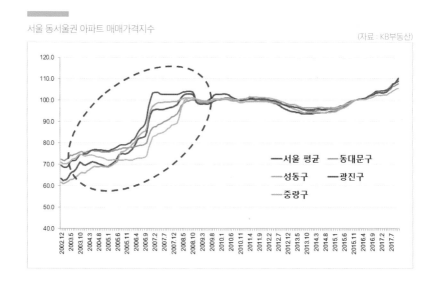

부동산 투자, 흐름이 정답이다

마포구, 서대문구, 은평구가 있는 서북권의 매매가격을 살펴
보면 2002년 초반에는 서울보다 높은 매매가격을 형성했지만, 시
간이 지날수록 역전되는 상황이 발생했다. 은평구와 서대문구가
초반에는 서울 평균가격보다 높았고 마포구는 서울 평균 가격과
비슷한 흐름을 보였다. 2012년에 가까울수록 3개 지역의 가격은
서울 평균 매매가격에 근접해졌다.

서울 서북권 아파트 매매가격지수   (자료 : KB부동산)

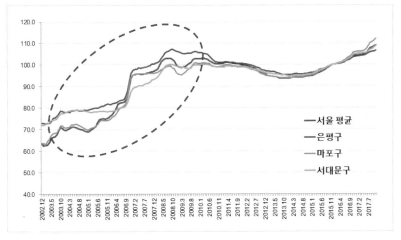

2002~2012년까지 약 10년간의 강북구, 노원구, 도봉구, 성북구의 가격 변화를 보자. 2008년을 기준으로 전과 후의 변화가 다른 모습을 보인다. 2008년 이전에는 강북권의 매매가격이 서울 평균 매매가격보다 높지 않았다. 2008년 이후에는 성북구를 제외한 나머지 지역의 매매가격이 서울 평균 매매가격보다 높았다.

서울 강북권 아파트 매매가격지수 (자료 : KB부동산)

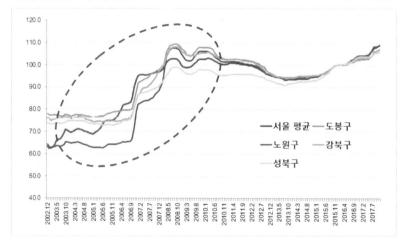

2002~2012년까지의 서울 권역별 가격 변화를 종합해보면 서울 평균 매매가격과 거의 유사한 가격 변화를 보이는 곳은 강서구, 동작구, 마포구, 성동구, 영등포구, 종로구, 중구였다. 강남구, 강동구, 송파구, 서초구가 있는 강남권과 서남권의 양천구, 도심권의 용산구 그리고 광진구와 은평구는 서울 평균 매매가격

부동산 투자, 흐름이 정답이다

보다 큰 폭으로 상승했고 서울 평균가격보다 먼저 가격이 상승했다. 서울 평균 매매가격보다 상승 시점이 늦었거나 상승 폭이 작았던 지역은 강북구, 노원구, 도봉구, 성북구의 강북권 지역과 관악구, 구로구, 금천구, 동대문구, 서대문구, 중랑구 등이다. 서울 아파트 가격이 상승했을 때 모든 지역이 상승했지만, 상승 폭이나 상승 시점의 빠르기는 자치구별로 다른 양상을 보였다. 앞에서 서울 자치구별 면적당(1㎡) 가격이 높은 순위를 확인했는데 그 순위와 유사한 가격 흐름을 보인다. 결국, 서울의 강남권 및 도심지 지역의 아파트 가격이 먼저 상승한 후 서울의 기타 자치구 지역 가격도 뒤늦게 상승한다는 의미다. 서울 강남권과 도심지에 거주하던 사람들이 가격 상승 때문에 더 이상 거주할 상황이 되지 못하면 가격이 한 단계 낮은 지역으로 떠밀려서 갈 수밖에 없다는 의미다. 그런 이주 가구 수가 많아진다면 상대적으로 가격이 낮았던 지역도 가격이 상승(갭 메우기 현상)하게 된다. 자금이 부족해서 입지가 좋은 곳에 투자하지 못할 경우, 그 대안으로 뒤늦게 가격 상승하는 지역을 선택해도 수익을 올릴 수 있다는 의미다. 이런 흐름은 반복적으로 발생할 가능성이 높기 때문에 지역 선정시 참고하면 좋겠다.

자치구별 가격 변화를 확인한 이유는 다른 곳의 상승 폭이 클 때 내가 투자한 지역의 부동산 상승 폭이 작으면 괜히 시간과 돈이 아깝다고 생각될 수도 있기 때문이다. 그렇기에 자치구별 가격 변화를 한번 분석해보면 지역 선정에 도움이 된다. 등락 폭이 너무 크거나 가격 변화가 미미한 곳보다는 서울 평균가격에 근접한 지역을 투자 지역으로 선정하면 좋지만, 상황에 따라 그렇지 않는 경우도 있다. 투자 자금 상황에 따라 시장 상황에 따라 입지가 좋은 곳에 해야할 때도 있고, 입지가 A, B급은 아니지만, 수익률이 괜찮은 C급 지역을 때론 선택해야할 때도 있다. 만약 자금이 부족해서 매매가격이 평균인 지역에 할 수 없다고 해도 대세 상승 흐름을 보이는 지역은 상승 폭의 차이만 있을 뿐 대부분 지역의 가격은 상승하니 평균가격 하위 지역을 고려해도 큰 실패는 없다. 단 이때는 아파트 선별 기준을 보수적으로 잡고 수요가 확실히 보장된 곳을 선택하는 것이 좋다.

부동산 투자, 흐름이 정답이다

05

입주물량이 많은 곳은 피하라

■■■■ 자치구별 입주물량은 반드시 체크해야 할 지표다. 입주물량이 많은 지역에 투자할 경우 전세 임차인을 구하기가 쉽지 않을 수도 있고 예상했던 금액보다 더 많은 금액이 들어갈 수도 있다. 5,000만 원의 투자금으로 강동구의 A아파트에 투자한다고 생각해보자. 2017년 12월에 A아파트를 계약하고 2018년 2월까지 전세임차인을 구해서 잔금을 치르기로 했다. 매매가격과 전세가격 차이는 4,000만 원이었고, 취득세 및 기타비용을 포함해 5,000만 원이면 투자가 가능한 아파트라고 생각했다. 그런데 계약 후 한 달이 지나고 두 달이 지나도 전세 임차인을 구했다는 소식은 들리지 않았다. 조급한 마음에 주위 중개업소 몇 곳에 전화해서 물어보니 전세임차인을 구하는 것이 너무 어렵다는 대답만 돌아왔다. 전세임차인을 구하기가 어려운 이유를 물어보자, A아파트 인근에 2,000세대의 신규 대단지 아파트 입주가 진행되고 있다

는 것이었다. 계약 당시에 담당 중개업소에서 대단지 입주에 대한 언급이 없었고, 서울 전 지역의 공급이 부족했기 때문에 전세 임차인을 찾지 못하는 것은 상상도 못 했었던 일이었다. 그리고 전세임차인을 구하지못한 또 하나의 이유는 가격이다. 신규아파트의 전세가격과 A아파트의 전세가격은 차이가 나지 않았다. 비슷한 가격이면 신규아파트에 수요가 몰리는 것은 당연한데 A아파트 투자 시 주변 입주물량 체크를 하지 못한 것이 화근이었다. 결국, A아파트의 전세임차인을 구하지 못해 잔금은 대출을 받아 처리하고, 집은 임차인을 구할 때까지 계속 비워둬야 했다. 임차인을 구한 것은 잔금을 내고도 3개월이 지난 후였으며 계약 당시의 전세가격보다 2,000만 원이 더 하락한 가격으로 임차인과 계약을 했다. 초기 투자금으로 예상했던 5,000만 원에서 전세가격 하락으로 2,000만 원의 금액이 추가되었고 결국 총 7,000만 원의 금액으로 투자를 하게 된 것이다.

결국, A아파트 주변 대단지 신규 아파트 입주를 확인하지 못한 것이 화근이었고 투자 초기부터 계획에 차질이 발생하게 되었다. 처음 투자를 할 때는 긴장되고 설레는 기분 때문에 알고 있던 사실도 잊어버리는 경우가 많다. 그래서 투자는 본인만의 기준이 필요한 것이고 항상 그 기준을 잊지 않아야 한다. 서울 전 지역의 공급이 부족해 전세수요는 많을 것이라는 판단이 주변 입주물량을 놓친 격이 되었는데, 아무리 전체 공급이 부족한 지역이라고 해도 시세가 비슷한 신규 아파트가 인근에 입주하게 되면 구축 아

부동산 투자, 흐름이 정답이다

파트의 투자 가치는 하락하게 된다. 이런 실패 사례를 한번 경험하고 나면 절대 같은 실수는 반복하지 않아야 한다.

자치구 입주물량은 월별단위로 조사하는 것이 좋다. 입주물량을 정리할 때 기간을 연간단위, 월간단위로 미리 구분해 정리하고, 실제 투자 시 확인하기 쉽도록 관리해야 한다. 서울 서남권 월별 입주물량을 예를 들어 보면, 2017년 1분기보다는 신규 아파트 입주물량이 감소하는 2분기, 3분기가 전세임차인을 구하는 것이 더 쉬울 수 있다. 물론 신규 아파트 입주 기간을 통상 2개월의 여유를 더 준다고 생각하면 2017년 3월, 4월 입주 영향은 5월이나 6월까지도 갈 수 있다. 다른 권역별 지역도 정리해서 투자 진입 시기와 빠져나오는 시기의 입주물량을 반드시 확인해야 한다.

서울 서남권 아파트 월별 입주물량

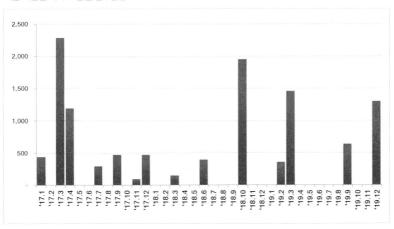

투자하려는 아파트 주변에 신규 아파트 입주물량이 많은지 여부를 빠르게 확인하려면 지도를 이용하는 방법도 좋다. 네이버 부동산이나 다음 부동산의 '분양권' 파트에서 확인이 가능하며 호갱노노(http://hogangnono.com)에서도 입주 아파트 확인이 가능하다. 호갱노노에서 찾고자 하는 지역으로 지도를 이동하면서 붉은색 표시된 아파트를 찾으면 입주를 앞둔 아파트 정보를 확인할 수 있다. 어떤 방법이 되었든 반드시 내가 투자할 아파트 인근에 입주물량은 반드시 체크해야 한다.

네이버 부동산 분양권 아파트 정보

　　　　　　　　　부동산 투자, 흐름이 정답이다

호갱노노 분양권 아파트 정보

06

개발 호재는
부동산 흐름이 좋을 때 가치가 높다

▬▬▬▬ 부동산을 접하면서 개발 호재의 중요성에 관한 얘기를 너무 많이 들어왔다. 개발 호재가 있는 곳에 투자해서 많은 돈을 벌었다는 얘기도 심심찮게 들었다. 개발 호제 투지 성공담은 사람들의 선망의 대상이 되기도 하고 실제 성공했다는 사람을 따라서 투자하는 사람들도 많이 봤다. 문재인정부가 11.29 부동산 대책으로 주거복지로드맵을 공개하면서 시장에 큰 파장이 일었다. 그 이유는 시장에 공급을 확대하기 위해 그린벨트를 해제해서라도 공공택지를 개발하겠다는 내용이 포함되었기 때문이다. 그 내용 속에는 택지지구 지명이 구체적으로 공개되었고 서울과 거리가 가까운 지역은 투자자의 문의가 쇄도하기 시작했다는 기사도 나왔다. 이처럼 개발 호재는 부동산에서 빠질 수 없는 중요한 요소다. 하지만 개발 호재는 개발이 계획대로 된다는 가정하에 미래가치가 높게 형성될 가능성이 크기 때문에 미래의 가격을 현재 가격에

선반영시켜준다는 의미다. 그래서 반드시 미래에 계획대로 개발이 되어 사업이 완료해야 한다는 단서 조항이 붙는다. 만약 개발 계획이 중간에 무산된다면 투자 수익은커녕 원금도 찾지 못할 수도 있다. 그래서 개발 호재에 대한 투자는 늘 양면성이 내포되어 있다.

서울, 부산과 같은 도심지의 대형 개발은 통상 사업 기간이 짧게는 5년 길게는 10년 이상 소요되는 사업들이 대부분이다. 대도시의 대형 개발에 개인이 직접 투자할 수 있는 부동산은 많지 않다. 있다고 해도 투자금이 몇십억이 들어가는 사업들이라서 소액 투자를 하는 사람들에게는 접근이 힘들다. 단지 개발 영향에 의한 풍선효과로 주변지 부동산 지가 상승에 의해 부동산 가격 상승을 기대하고 투자할 수밖에는 없다. 그런데 개발 호재라는 것도 부동산 시장이 전체적으로 불황일 때는 큰 효과가 없다. 부동산 시장이 다시 회복되고 불타올라야지 비로소 개발 호재도 빛을 발할 수 있다.

실례로 서울 강서구에 위치한 마곡지구는 첨단 IT산업을 선도한다는 명목하에 오래전부터 개발 계획이 끊이지 않았던 곳이다. 지금의 마곡지구가 되기까지 많은 계획이 변경되다시피 했고 그만큼 많은 시간이 걸려서 완성되어가고 있는 곳이다. 마곡지구 주변의 아파트 중 마곡수명산파크와 우장산 힐스테이트 가격을 살펴보자.

보시다시피 마곡지구와 같은 대형 개발 호재의 영향권에 있었던 아파트라고 해도 부동산 경기가 좋지 않을 때는 아파트 가격도 하락하고 있음을 보여준다. 2017년 이후 대기업들이 속속 입주하기 시작하면서 마곡지구의 효과가 조금씩 나타나고 있지만, 그 전까지만 해도 개발 호재에 대한 영향은 그리 크지 않았음을 보여준다. 그래서 개발 호재가 늘 부동산 가치를 올려주는 것은 아니다. 제일 중요한 것은 시기다. 개발된다는 발표가 있거나 땅을 조성해서 사용할 수 있는 시기, 그리고 건물을 지어서 준공이 가능한 시기 등 중간중간 가격이 오르는 시기에 맞춰 적절하게 투자해야 한다. 그런 부분들을 알아채서 투자하면 돈을 버는 것이고 모르면 그냥 내 것이 아니라고 생각하면 된다. 이처럼 개발 호재들이 내가 투자한 지역의 아파트 가격에 당장 영향을 주는 것은 아니다. 5년 뒤 준공이 되는 대형 개발이 현재 내가 가지고 있는 아파트의 가격에 얼마나 영향이 있을까? 전혀 없다고 할 수는 없지만 5년 내내 가격이 상승하는 것은 아니다. 사람들은 눈에 보이는 것을 믿는 심리가 크기 때문에 건물이 준공되고 사람들이 들어오기 전까지는 그 가치를 인정해주지 않으려고 한다. 그렇기 때문에 단기 계획이 아닌 장기 계획의 개발 호재에 의한 투자는 신중히 접근해야 한다. 이런 것까지 신경 쓰기에는 우리가 가지고 있는 돈은 너무 없다.

　　그런데 당장 눈앞에 개발이 완료되는 사업이 있다면 얘기는 달라진다. 앞에서도 얘기했지만, 사람들의 심리는 눈에 보여야지 믿게 되고 그 믿음이 가격에 반영되기 때문이다. 특히, 2017년 현 시점의 마곡지구는 그 어떤 개발 호재보다 강력한 힘을 발휘하고 있다. 2014년부터 본격적으로 아파트가 입주하기 시작했고 2017

년에는 대기업들이 입주하면서 주변 아파트 가격도 동반 상승했다. 우장산 힐스테이트 전용 84.9㎡는 2014년에는 6억 정도의 가격대를 형성했는데 2017년 12월경에는 8억 3,000만 원에 거래가 되고 있다. 부동산 시장이 좋아서 가격이 상승했기도 했지만, 마곡지구의 대기업 입주가 주변 아파트 가격에 큰 영향을 미쳤다.

개발 계획에 대한 정보는 해당 관할 시청 또는 구청 홈페이지에서 확인할 수도 있고 서울주택도시공사(SH)나 부산도시공사 같은 공공기관에서도 확인할 수 있다. 특히, 서울의 2030플랜이나 부산의 2030플랜 같은 장기 발전 계획은 도시를 어떤 방향으로 개발하려고 하는지 지침을 보여주기 때문에 참고하면 재미있다.

서울시 중점 사업

마곡지구와 같은 일자리가 증가하는 지역은 장기적으로 집값을 상승시키는 요인이 된다. 일자리가 증가한다는 것은 많은 인구

부동산 투자, 흐름이 정답이다

가 유입된다는 것이고 인구가 증가하면 결국 집이 필요하므로 집값 상승을 동반하게 된다. 인구가 증가되는 곳의 주거지역에 생명력을 불어 넣어주는 요인은 바로 교통 환경이다. 만약 마곡지구에 9호선이 개통되지 않았다면 지금처럼 큰 집값 상승은 상상할 수 없었을 것이다. 이런 이유로 수도권 광역급행철도(GTX) 개발 계획에 사람들이 관심을 많이 가진다. 2016년 하반기에 SRT가 개통되면서 수서역 주변 아파트 가격에 영향을 미친 것도 마찬가지다. 앞에서도 설명했지만, 철도는 개발 계획부터 준공 시점까지 상당

수도권 광역급행철도(GTX) 노선도 　　　　　　　　　　　　　　　(자료 : 국토교통부)

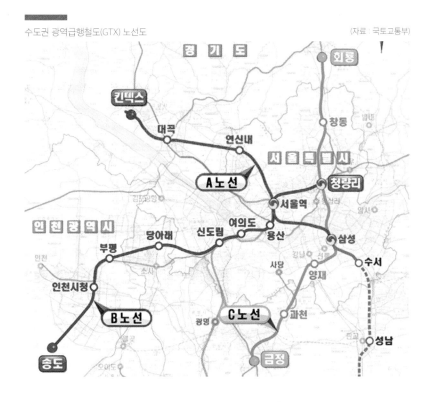

한 시간이 소요되고, 개발계획, 착공, 준공 등 특별한 이벤트가 있을 때 가격 상승이 된다고 생각하면 투자 타이밍을 잡기는 쉽지가 않다. 주거 기간이 긴 실거주자들은 이런 장기 개발 계획을 참고해서 내 집 마련을 해 집값 상승에 기대해볼 만 하다. 결국, 개발 호재도 부동산 시장 흐름이 좋을 때 그 효과가 배가 된다.

서울과 수도권에는 도시철도 건설 계획이 많은데 이런 정보들을 확인할 수 있는 곳은 한국철도시설공단(http://www.kr.or.kr)이다. 공단의 사업소개 부분에서 전국의 모든 철도 관련 개발 계획 정보를 확인할 수 있다. 물론 철도 개발은 국토교통부에서 계획하기 때문에 국토부에서 자료를 공개하지만, 정보 찾기가 쉬운 곳은 한국철도시설공단이다. 현재는 3차 국가 철도망 구축계획(2016~2025)이 공개되어 있다. 국가 철도망 구축계획 하나만 봐도 도로, 철도 개발에 대한 정보는 충분하다고 생각한다. 교통신문(http://www.gyotongn.com)도 있으니 함께 참고하면 된다.

한국철도시설공단 사업 소개

3차 국가철도망 구축 계획

(자료 : 한국철도시설공단)

네이버 지도나 다음 지도에서도 개통 예정인 도로나 철도 정보를 제공하고 있다. 지적도 버전으로 네이버 지도를 보면 곧 개통 예정인 도로나 철도를 점선으로 표시해서 쉽게 확인할 수 있다. 시간이 없을 때 자주 사용하는 방법이다. 가령 서울 지역을 크게 확대해보면 9호선 연장선과 신분당선 연장선 확인이 가능하다. 이렇게 얻은 정보를 토대로 더 상세한 정보를 찾아가는 것이다. 중요한 것은 이런 많은 정보를 확보한 다음 어떻게 정리를 하느냐에 따라 정보의 가치는 달라진다. 메모지나 노트에 기록할 수도 있고 PC나 블로그 등에도 기록할 수 있다. 필자는 지도에 표시해서 보는 것을 추천한다. 지도를 구입해서 하든, 인터넷상의 지도를 출력해서 사용하든 어떤 방법이든 상관없다. 지도에 개발 호재 등을 한눈에 파악할 수 있도록 표시해서 자주 볼 수 있는 곳에 배치해두고 개발 호재에 의해 어떤 지역이 영향이 있을지 계속 생각해보는 것이다. 정보를 확인만 하고 내 것으로 만들지 않으면 쓸모없는 정보가 되고 시간만 낭비하게 된다.

네이버 지도 개통 예정 철도 현황

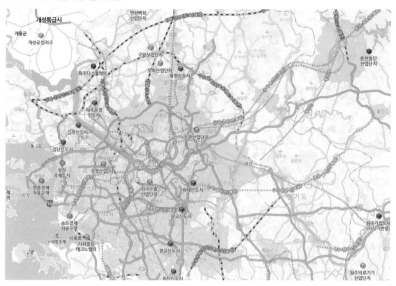

네이버 지도 개통 예정 도시철도 현황

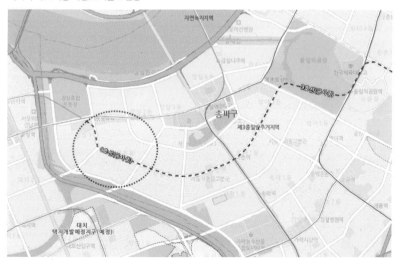

07

아파트 면적별 물량에 따라 가격은 변한다

▬▬▬ 아파트 크기는 시대 상황에 따라 변해왔으며 건설사에서도 사람들의 욕구를 충족시키기 위해 그에 합당한 아파트를 공급해 왔다. 시장에서 필요로 하는 크기의 아파트를 적기에 공급하지 못하면 당연히 가격은 상승하게 되고, 필요한 양보다 많은 양을 공급하게 되면 가격은 하락하게 된다. 2005년과 2006년의 서울 면적별 준공 실적을 보면 중·대형 평형(85㎡ 초과)의 주택 공급이 각각 1만 9,000호, 1만 6,500호였다. 중·소형(85㎡ 이하) 평형의 주택 공급에 비교하면 적지 않은 물량이다. 2005~2010년까지 중·대형 평형의 주택 공급 비율은 전체 물량의 20~30%를 유지했다. 2011년 이후부터 중·대형 평형 주택이 감소해 전체 물량의 10% 수준에서 공급이 되었다. 노무현 정부 때 중·대형 평형 주택 가격 상승이 컸었는데 금융위기를 만나면서 중·대형 평형 인기가 하락했고 가격 또한 중소형 주택에 비해 하락 폭이 컸다. 중대형

주택의 가격하락으로 건설사에서는 중·대형 주택 공급을 줄이고 중·소형 평형으로 공급을 많이 하게 된다. 이런 영향으로 2011년 이후 중·대형 평형 주택 공급은 감소했고, 그 기조는 2017년까지 이어지고 있다.

서울 면적별 주택(아파트, 다세대주택, 단독주택 등) 준공 실적   (자료 : 국토교통부)

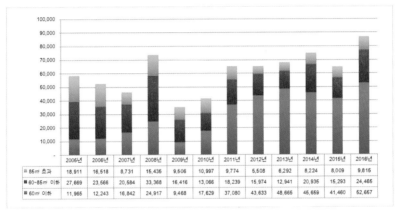

	2005년	2006년	2007년	2008년	2009년	2010년	2011년	2012년	2013년	2014년	2015년	2016년
85㎡ 초과	18,911	16,518	8,731	15,435	9,506	10,997	9,774	5,508	6,292	8,224	8,009	9,815
60~85㎡ 이하	27,669	23,566	20,584	33,368	16,416	13,066	18,239	15,974	12,941	20,935	15,293	24,465
60㎡ 이하	11,965	12,243	16,842	24,917	9,468	17,629	37,080	43,633	48,665	45,659	41,460	52,657

2011년 이후 준공 실적의 면적을 더 세분화해보면 대형 평형 (135㎡ 초과) 주택 공급은 상당히 감소한 모습을 볼 수 있다. 반대로 생각하면 시장에 중·소형 평형(85㎡ 이하) 주택이 많이 공급되었다는 의미인데 시간이 지속될수록 이런 현상이 계속된다면 중·대형아파트와 중·소형아파트의 가격 변화가 역전될 수도 있다. 부산과 대구의 후반 상승기 때 대형아파트 가격이 상승한 것도 대형 평형 아파트가 부족했던 영향이 컸다. 인구감소와 1~2인 가구 증가로 중·소형 주택 수요가 많은 것은 사실이지만 대형 평형 아파

트에 거주하려는 수요도 엄연히 존재한다. 비록 그 수요가 많지는 않지만, 수요보다 적은 양의 아파트가 공급되면 가격이 오르는 것은 당연하다.

서울 면적별 주택(아파트, 다세대, 단독 등) 준공 실적 　　　　　　　　　　　(자료 : 국토교통부)

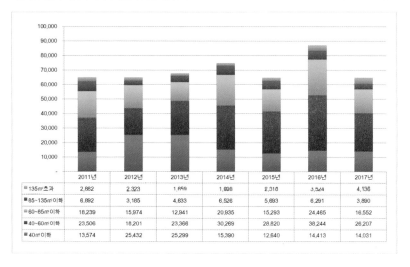

	2011년	2012년	2013년	2014년	2015년	2016년	2017년
135㎡초과	2,882	2,323	1,659	1,808	2,010	3,524	4,136
85~135㎡이하	6,892	3,185	4,633	6,526	5,693	6,291	3,890
60~85㎡이하	18,239	15,974	12,941	20,935	15,293	24,465	16,552
40~60㎡이하	23,506	18,201	23,366	30,269	28,820	38,244	26,207
40㎡이하	13,574	25,432	25,299	15,390	12,640	14,413	14,031

　　면적별 준공 실적 데이터는 국토교통부 통계누리에서 확인할 수 있는데 주택 유형별 데이터는 제공하지 않는 것이 단점이다. 따라서 이 데이터로는 전체 시장의 흐름만 참고해야 할 것 같다. 실제 아파트 면적별 입주물량을 파악하려면 앞에서 살펴본 신규 분양아파트의 데이터를 면적별로 정리해보는 것이 좋다고 할 수 있다.

08

전세가율이
투자금을 좌우한다

자치구 중 매매가격 대비 전세가격 비율(전세가율)이 높은 지역을 찾는 것 또한 지역 분석 시 필요한 부분이다. 전세가율이 높다는 것은 부동산 시장 초기에 소액 금액으로 수익 극대화를 올릴 기회가 된다는 의미도 있지만, 부동산 시장을 이해하는 데 중요한 요소다.

우리가 살고 있는 지역에 전세가율이 높은 곳들을 생각해보자. 전세가율이 높은 지역 아파트의 특징은 크게 두 부류로 나뉜다. 하나는 대중교통이나 학교 등 입지 면에서 살기 좋기 때문에 수요가 많고 이런 곳은 전세 매물도 많지 않아서 전세가격이 매매가격에 근접해 있다. 또 하나는 집값 상승에 전혀 기대가 없는 곳이다. 2014년 필자가 매수한 서울의 모 아파트는 매매가격과 전세가격의 차이가 500만 원도 되지 않았다. 그럼에도 불구하고 사람들은 집을 사지 않고 전세를 찾았다. 전세 계약을 하면서 필자에게 했던 말이 기억난다. "왜 집을 사세요? 이 아파트는 가격이 안 오를 건데…." 그렇게 뒤돌아가면서 임차인은 주인을 이상하게 생각했을지도 모른다. 그리고 2년이 지나서 아파트 시세를 보니 가격은 꽤 상승해 있었다. 2011년 대구도 그러했다. 매매가격과 전세가격 차이가 300만 원도 안했던 아파트가 있었다. 필자는 도무지 이해가 되지 않았다. 300만 원 차이면 차라리 집을 사는 것이 더 나은 것 아니냐고 생각할 수도 있지만, 임차인들 생각은 그렇지 않았다. 전세 보증금은 집값 변화에 상관 없이 만기 때 그대로 돌려받을 수 있다고 생각하지만 집을 사서 들어갔는데 집값이 하락하면 손해를 본다고 생각하기 때문에 300만 원 차이라도 집을 사지 않는다. 그만큼 집 가격 상승에 대한 기대가 전혀 없는 것이다. 그 사람들 눈에 전세를 놓고 집을 사는 주인들이 도무지 이해가 되지 않았을 것이다.

문제는 전세가율이 높아진 상황에서 시장에 신규 아파트 공급이 부족할 경우, 전세난이 심해진다는 것이다. 시장에 공급이 추세적으로 부족해지면 전세가율은 더 높아지게 되고 차라리 집을 사는 것이 더 낫다는 심리가 커지게 되면 이런 결과로 집값도 조금씩 상승하게 된다. 부동산 가격은 심리 싸움이다. 그런데 전세가율이 높아도 매매가격이 크게 상승하지 않는 지역이 있다. 앞에서도 설명했지만, 입지나 주거환경이 좋지 않아서 가격 상승에 대한 기대가 높지 않은 곳이다. 그런 곳은 전세금을 주고는 살아도 집을 살 만큼 좋은 아파트는 아니라고 생각하기 때문이다. 2015

년 초반에 언론에서 서울 성북구의 모 아파트 전세가율이 90%에 육박했다는 뉴스를 본 적이 있다. 그 뉴스가 보도된 다음 날 소액 투자자들이 구름같이 몰려들었다는 뉴스도 타 방송에서 보게 되었다. 그런데 2년이 지난 현시점에 그 아파트 가격은 생각보다 크게 상승하지 않았다. 상승은 했지만 다른 아파트 상승 폭에 비해 작았다. 그래서 전세가율이 높다고 반드시 매매가격 상승 폭이 크다고 할 수 없고 전세가율이 낮다고 매매가격 상승 폭이 작다고도 할 수 없다. 전세가율은 투자할 때 수익률 측면에서 하나의 기준이 되는 것이지 절대적인 투자 기준이 되어서는 안 된다. 서울의 자치구별 전세가율 순위를 살펴보면 확연히 드러난다. 성북구가 지난 몇 년간 전세가율 1위 자리를 놓치지 않았지만, 전통적으로 부동산 가격이 높은 지역은 아니다.

부동산 시장이 좋았던 지난 몇 년간 전통적으로 전세가율이 높았던 지역들의 순위가 요동쳤다. 상대적으로 전세가율이 낮은 자치구들은 여전히 큰 순위 변화 없이 그들만의 리그를 만들고 있다. 전세가율이 높은 지역을 보면 서울 면적당 아파트 평균 가격이 상위권이라고 할 만한 곳은 거의 보이지 않는다. 서울 면적당 평균 아파트 가격이 상위권인 강남권의 전세가율 순위는 하위권에 머물러 있다. 그래서 전세가율이 높다고 아파트 가격이 높은 것이 아님을 알 수 있다.

성북구와 강남구를 비교해 성북구가 전세가율이 높은 이유를 한번 생각해보자. 우선 강남구와 성북구의 면적당 아파트 매매가격 순위를 보면 강남구는 1위이고 성북구는 17위이다. 우리가 생각하기에 강남구는 서울에서 입지가 월등히 좋기 때문에 이곳으로 이사 오고 싶어 하는 수요는 아주 많을 것으로 생각한다. 그리고 성북구는 입지가 월등히 좋다고 할 수 없기 때문에 강남구보다 수요는 비교적 적을 것이라고 생각한다. 그럼에도 불구하고 성북구 전세가율이 높은 이유는 여러 가지가 있겠지만 아파트 가격 때문이다. 강남구는 모두가 살고 싶어 하는 지역이지만 매매가격이든 전세가격이든 너무 비싸기 때문에 아무나 갈 수 없는 곳이다. 하지만 성북구는 강남구와는 달리 많은 사람이 접근 가능한 가격대를 형성하고 있는 지역이기 때문에 주거환경이 좋아지면 삶의 터전 지역으로 사람들의 선택을 받을 가능성이 큰 지역이다. 성북구는 가격대비 성능 그러니까 가성비가 높은 지역이다. 강북권 자치구 중에서 성북구는 서울시청 인근까지 거리가 상대적으로 가깝고, 지하철을 환승하지 않고 4호선만으로도 한 번에 출퇴근할 수 있기 때문에 교통 환경이 좋다고 할 수 있다. 게다가 길음뉴타운과 미아뉴타운 같은 입지와 주거환경이 우수한 대단지 아파트가 입주하면서 사람들의 관심을 한눈에 받게 된 곳이다.

이처럼 수요가 많은 성북구임에도 가격이 상대적으로 많이 오르지 않는 이유는 역으로 강남권에 위치한 아파트들을 생각해보면 된다. 강남권 아파트의 전세가율은 늘 하위권에 머물러 있는데 이것은 매매가격과 전세가격의 차이가 꽤 크다는 의미다. 차이가 큰 이유는 실수요와 투자 수요가 많다는 의미다. 강남권 아파트들은 이제 재건축을 바라봐야 하는 연식이 되었으며, 이미 재건축이 진행되고 있는 단지들도 많다. 재건축된다는 것은 아파트가 너무 오래되었기 때문에 거주 만족도가 많이 떨어진다는 의미다. 그래서 재건축을 앞둔 아파트의 전세가격은 매매가격에 비해, 상대적으로 낮다. 투자 수요는 엄청 많지만, 전세로 거주하려고 하는 사람은 많지 않기 때문에 강남권의 아파트는 전세가율이 낮다. 전세가율이 낮은 강남권이지만 투자 수요가 많은 이유는 집값 상승에 대한 기대가 그 어떤 지역보다 크기 때문이다. 그래서 대한민국의 자본력이 있는 자산가들은 강남권의 부동산을 항상 주시하고 있다.

성북구는 강남권처럼 개발에 대한 기대감이 크지 않은 지역이기 때문에 자본력이 있는 투자자들이 잘 들어오지 않는 지역이다. 상승 시장 초기에 전세가율이 높은 지역을 타깃으로 갭 투자 수요가 일부 들어오기는 하지만 그런 투자자들도 성북구가 강남처럼 가격이 많이 상승할 것이라는 큰 기대감이 있어서 들어오는 것은 아니다. 소액 투자로 접근할 수 있으며 전세임차인을 구하기가 어렵지 않다는 판단으로 적당한 수익률은 보장이 되는 곳이기 때문에 들어오는 것이다.

성북구에 전세로 사는 사람들을 생각해보자. 전세임차인들은 매매가격에 대해 늘 관심이 많다. 전세로 살고 있으면서 내 집 마련을 호시탐탐 노리고 있기 때문에 매매가격 동향을 주시하고 있고 가격이 조금씩 오르기라도 한다면 가격이 더 오르기 전에 집을 사려는 심리가 강하다. 만약 아파트 가격이 단시간에 상승이라도 했다면 전세 거주자들은 아파트 가격이 오른 상태에서는 집을 잘 사려고 하지 않는다. 몇 년 전 상승하기 전의 가격을 생각하면 집 값이 너무 비싸다고 생각하기 때문이다. 그래서 성북구 같은 지역 은 집값이 오르는 진폭이 한계가 있다.

전세가격은 부동산 시장에서 아주 중요한 지표다. 특히 투자 자 입장에서 전세가격에 대한 의미를 모른다면 매매가격 변화도 이해할 수 없게 된다. 전세가율이 반드시 매매가격에 직접적으로 영향이 있다고 할 수는 없지만, 전세가율이 높은 지역 중에서도 사람들이 거주할 만한 충분한 매력을 주는 곳이면 적어도 실패하 지 않는 투자를 할 수 있다.

전세가율이 높은 지역을 찾는 방법은 많다. 국토교통부나 KB 부동산에서 제공하는 시계열 데이터를 이용하거나, 전세가율 높은 지역을 순위로 알려주는 부동산 앱을 이용해서 확인하는 방법도 있 다. 필자는 때로는 KB부동산에서 제공하는 시계열 데이터를 분석 해서 사용하기도 하며, 일반적으로 많이 사용되고 있는 조인스랜드 부동산을 이용하기도 한다. 최근에는 부동산 전문 앱들이 많이 개 발되어 본인의 스타일과 맞는 곳들을 찾아서 사용하면 좋을 거 같 다.

부동산 투자, 흐름이 정답이다

(자료: KB부동산)

순위	2013년 12월 기준		2015년 12월 기준		2017년 11월 기준	
1	성북구	69.1	성북구	82.6	성북구	81.5
2	강서구	65.9	강서구	80.1	중랑구	79.5
3	서대문구	65.7	동작구	79.9	동대문구	78.9
4	관악구	65.7	구로구	79.0	구로구	78.4
5	중구	64.4	성동구	78.1	관악구	78.0
6	광진구	64.4	관악구	77.1	중구	78.0
7	성동구	64.4	중구	76.8	서대문구	77.4
8	구로구	64.3	서대문구	76.8	강북구	76.3
9	동작구	63.7	마포구	76.8	도봉구	75.2
10	도봉구	63.7	동대문구	76.4	강동구	75.2
11	마포구	63.4	도봉구	75.7	은평구	75.0
12	동대문구	63.3	광진구	75.6	마포구	74.2
13	노원구	62.7	강북구	75.5	금천구	73.9
14	은평구	62.5	노원구	74.7	동작구	73.2
15	금천구	62.2	은평구	74.4	성동구	72.6
16	강북구	62.1	서울	73.4	노원구	72.1
17	중랑구	61.9	중랑구	73.2	광진구	71.8
18	서울	61.5	금천구	72.2	강서구	70.9
19	종로구	59.7	강동구	71.0	서울	70.6
20	양천구	58.9	양천구	70.9	종로구	70.1
21	송파구	58.6	영등포구	70.6	양천구	67.9
22	영등포구	58.1	송파구	69.1	영등포구	66.5
23	서초구	57.7	종로구	68.5	송파구	61.6
24	강동구	57.7	서초구	66.8	용산구	58.9
25	강남구	55.4	강남구	63.7	서초구	57.6
26	용산구	50.3	용산구	60.5	강남구	57.0

Part 6

회복기 시장과
활황기 시장

Part 6

01

나만의 투자
기준 세우기

　　회복기 시장에 진입한 지역은 가격이 상승하는 순서와 상승 폭의 차이만 있을 뿐, 결국 모든 지역의 아파트 가격은 상승하게 되어 있다. 따라서 회복기 시장에서의 아파트 선정은 어떻게 보면 크게 어렵지 않다고 생각할 수 있다. 그런데 문제는 살 때는 아무것이나 쉽게 살 수 있어도 팔 때는 내 의지대로 팔 수 없을 수도 있다. 집을 사는 것이야 중개업소에 찾아가서 괜찮은 매물을 고르고 돈만 주면 집을 쉽게 살 수 있지만 팔 때는 내 집을 사주는 사람이 없다면 쉽게 처분할 수가 없기에 골치가 아파진다. 그래서 집을 팔 때 쉽게 처분할 수 있는 곳을 찾아야 하며 아무거나 골라 잡으면 애물단지가 될 수 있다.

　　아무리 좋은 아파트라고 해도 인근에 입주물량이 단기적으로 많다면 월세나 전세 같은 임차인을 구하기 어려워져서 생각지 못한 상황이 발생한다. 임차인을 구하지 못하면 계획했던 것보다 투자금이 더 들어가는 경우도 많이 봤는데 투자를 처음 하는 사람들이 많이 놓치는 부분이다. 인근에 입주물량이 많은 것을 알고 투자했거나 모르고 투자했더라도 경험이 많지 않은 분들이 막상 현장에 가서 아파트를 볼 때 이 부분을 놓치고 계약하는 경우를 많이 봤다. 이런 문제가 발생한 이유는 입주물량을 확인하지 않은 잘못도 있지만, 무엇보다도 자기만의 확실한 기준이 없기 때문이다.

아파트를 팔 때도 마찬가지다. 예상 매도 계획을 세웠다면 매도 시점에도 입주물량이 부족한 지역의 아파트를 찾아야 한다. 집을 매도하려고 할 때 입주물량이 많다면 처분이 잘 안 될 수가 있다. 처분이 잘 안 되면 조급한 마음에 매매가격을 낮춰서라도 팔려고 하는 것이 사람들의 심리이니 최초의 계획했던 수익률보다 더 떨어질 수 있다. 따라서 지역 전체의 입주물량이 부족했더라도 아파트를 선정할 때는 인근의 입주물량을 파악하고 있어야 한다. 팔 시점의 입주물량은 투자 수익률에 큰 영향을 미치기 때문에 어떻게 보면 집을 살 때의 입주물량보다 집을 팔 때 입주물량이 더 중요하다.

입주물량과 더불어 반드시 확인해야 할 점은 실수요가 많은 곳을 찾는 것인데, 실수요가 많다는 것은 주거 환경이 좋은 곳이라 생각할 수 있다. 가령 서울을 잘 모르는 상황에서 실수요가 강한 곳을 빨리 찾기 위해서는 매매가격 대비 전세가격 비율이 높은 곳을 찾는 것이 좋다. 강남의 랜드마크 아파트들은 최고 입지임을 이미 알고 있지만, 일반 사람들이 몇억씩이나 투자할 여력이 되지 않는 비싼 곳들이다. 강남의 A급 입지 아파트의 대안으로 각 자치구 내에서도 실수요가 많은 B급 입지의 아파트를 찾으면 된다. 실수요가 많다는 의미는 교통, 학교, 상권, 자연환경 등 주거환경이 뛰어나서 많은 사람이 살고 싶어 하는 곳이다. 이런 곳들이 대체적으로 전세가율이 높고 전세가율이 높을수록 투자금을 최소화할 수 있다. 투자금을 최소화할 수 있다는 의미는 그만큼 위험부담을 줄일 수 있다는 얘기다. 2,000만 원을 투자해서 2,000만 원을 손해 보는 것과 1억 원을 투자해서 1억 원을 손해 보는 것은 천지 차이다. 반대로 2,000만 원을 투입해서 2,000만 원을 버는 것과 1억 원을 투입해서 1억 원을 버는 것도 가능성 측면에서는 전자가 더 확률이 높다.

2013년 하반기에 서울 부동산 시장이 회복되어 계속 상승하기 시작했다. 이 시기에 서울에서 전세가율이 비교적 높은 지역은 성북구, 강서구, 서대문구, 관악구, 중구, 광진구, 성동구, 구로구 순으로 60% 중반대에서 전세가율을 형성하고 있었다. 이 지역들은 2년 후인 2015년 하반기에는 전세가율이 무려 80%대까지 상승했다. 전세가율만을 보면 투자금 측면에서 2013년보다는 2015년이 투자 시기로는 더 나았을지도 모른다. 실제 2015년에 투자 수요가 더 많았던 것도 이 때문이기도 하다.

이처럼 회복기 시장에서는 가성비가 좋은 아파트를 찾아서 투자하는 방법이 가장 효율적이기 때문에 성북구, 강서구, 성동구,

관악구, 구로구 등의 아파트를 파악해서 선택 범위를 점점 좁혀나가면 좋다. 전세가율이 높은 지역의 아파트 현황을 먼저 파악해서 내가 투자할 수 없는 아파트들은 과감하게 리스트에서 제외해야 한다.

02

가성비 높은
아파트 찾기

■■■■ 입지 좋고 가격 상승 기대감이 높은 아파트라고 해도 투자할 수 없는 아파트는 제외시켜야 한다. 자금이 부족하다고 대출을 끌어와서 자산상태에 부채를 증가시킬 필요는 없다고 생각한다. 간혹 대출한도를 채워서 대출금(부채)으로 투자하는 사람들을 봤는데 부동산 시장에 변수가 발생했을 때 위기대처 능력이 상당히 떨어질 수 있다. 그래서 투자는 내가 가진 여유 자금 한도 내에서 투자하는 것이 바람직하다.

투자 금액의 기준은 사람마다 자산 상황이 다르기 때문에 필자가 금액 기준을 제시할 수는 없다. 그렇기 때문에 투자 수익률을 고려해서 투자금 기준을 세워야 한다. 서울 아파트 가격이 회복하기 시작한 2013년 하반기를 기준으로 갭 투자를 생각해보면 이 당시에는 전세가율이 높지 않아서 투자금이 많이 들어갔다. 2015년이 되어서야 전세가율도 상승했고 그에 따라 투입되는 금액의 크기도 줄일 수 있었다. 잘만 찾으면 5,000만 원 이하의 금액으로도 투자가 가능했던 지역이 꽤 있었던 것으로 기억한다. 5,000만 원의 금액으로 갭 투자를 한다고 생각해보자. 2년간 수익률 100%를 달성하기 위해서는 5,000만 원의 가격 상승이 발생해야 하며 세금과 경비 등을 포함하면 5,000만 원 이상의 가격 상승이 있어야 한다. 그런데 만약 5,000만 원이 아닌 1억 원의 금액으로 갭 투자를 했다고 생각하면 수익률 100%를 달성하기 위해서는 1억 원의 가격 상승이 발생해야 한다. 반대로 소액인 2,000만 원으로 갭 투자를 했다고 생각하면 2년 동안 100% 수익률을 달성하기 위해서는 2,000만 원의 가격 상승이 있어야 한다. 당연한 얘기지만 투자 금액이 적으면 적을수록 수익률 달성이 쉽다는 것을 알 수 있다. 안전한 투자를 하길 원하는 사람들은 투자금을 최소화하는 것이 좋다. 때로는 공격적인 투자를 위해서 소액 투자가 되지 않는 경우도 있는데, 통상 활황기 시장일 때 가격 상승 폭이 높기 때문에 이런 시기에는 투자 금액이 커지기도 한다. 투자할 때는 투자자 본인이 가격 기준을 항상 잘 세워야 한다.

가성비가 높은 아파트를 찾기 위해서 제일 먼저 해야 할 일은 자치구별 모든 아파트를 전수조사하는 것이다. 성북구와 관악구의 아파트 전수 조사한 사례를 살펴보자. 전체 리스트 중 일부만 발췌해서 가져왔기에 다른 아파트가 없다고 오해는 없길 바란다. 자치구별 모든 아파트를 정리한 다음 내가 투자할 수 있는 범위 밖의 아파트는 하나씩 제거해나가는 방법으로 아파트 수를 축

부동산 투자, 흐름이 정답이다

소해나가야 한다.

서울 성북구 아파트 목록 샘플

(자료 : 조인스랜드 부동산)

번호	소재지	단지명	면적(㎡)	건축년도	가구수	전세비율	매매가 (만원)	전세가 (만원)	매매최저가 전세최고가 차이금액 (만원)	지하철 라인	학교	상권, 공원	최종결정
10	보문동6가	보문파크뷰자이	69A	2017	978	90.48%	40,000 ~ 44,000	36,000 ~ 40,000	-500	1, 5, 6, 우이선	명신초, 창신초, 한성여고, 경동고		우수
14	중암동	래미안세레니티	848	2009	955	89.66%	40,000 ~ 46,000	38,000 ~ 40,500	-500	-	가운초		보통
23	중암동	래미안세레니티	64C	2009	955	89.66%	40,000 ~ 46,000	37,500 ~ 40,500	-500	-	가운초		보통
11	보문동6가	보문파크뷰자이	69B	2017	978	90.48%	40,000 ~ 44,000	36,000 ~ 40,000	-	1, 5, 6, 우이선	명신초, 창신초, 한성여고, 경동고		우수
12	보문동6가	보문파크뷰자이	69C	2017	978	90.48%	40,000 ~ 44,000	36,000 ~ 40,000	-	1, 5, 6, 우이선	명신초, 창신초, 한성여고, 경동고		우수
26	중암동	래미안세레니티	84D	2009	955	88.64%	40,500 ~ 46,500	37,500 ~ 40,500	-	-	가운초		보통
27	정릉동	정릉태영	91A1	1999	514	88.52%	28,750 ~ 32,000	26,000 ~ 28,500	250	우이선	길음초, 숭곡초		낮음
23	정릉동	정릉태영	74D	1999	514	89.13%	22,000 ~ 24,000	19,000 ~ 21,500	500	우이선	길음초, 숭곡초		낮음
25	중암동	래미안세레니티	84A	2009	955	88.64%	40,500 ~ 46,500	38,000 ~ 40,500	900	-	가운초		보통
28	길음동	길음뉴타운5단지래미안	81	2006	560	87.05%	46,000 ~ 49,500	41,250 ~ 42,500	1,000	4	길음초, 길음중, 계성고		보통
124	정릉동	강남	65	1999	860	83.33%	23,750 ~ 27,250	20,250 ~ 22,750	1,000	우이선	길음초, 숭곡초		낮음
37	하월곡동	동신	84	1997	746	87.30%	29,250 ~ 33,250	26,750 ~ 28,750	1,250	6	숭례초, 숭곡중		보통
41	안암동1가	래미안안암	79	2005	560	87.39%	33,500 ~ 34,000		1,250	6	안암초, 용문초, 고려대, 성신여대		우수
44	하월곡동	월곡래미안루나밸리	107	2007	787	87.39%	51,250 ~ 57,750	46,000 ~ 50,000	1,250	6	일신초, 서울사대중, 사대고		보통
32	중암동	중암아이파크2차	137	2007	782	87.39%	53,500 ~ 59,500	46,500 ~ 52,000	1,500	-	숭례초, 중암중, 고려대		보통
49	길음동	길음뉴타운4단지e편한세상	808	2005	1,605	86.13%	46,000 ~ 52,500	36,500 ~ 37,750	1,500	4	길음초, 길음중, 계성고		보통
50	길음동	길음뉴타운4단지e편한세상	109	2005	1,605	86.51%	51,500 ~ 58,000	47,000 ~ 49,000	1,500	4	길음초, 길음중, 계성고		보통
51	길음동	길음뉴타운5단지래미안	109	2006	560	86.58%	54,000 ~ 59,000	49,000 ~ 51,000	1,500	4	길음초, 길음중, 계성고		보통
55	돈암동	동부센트레빌	109	2002	540	86.24%	45,500 ~ 49,000	39,500 ~ 42,000	1,750	4	가운초		보통
57	돈암동	동부센트레빌	112	2002	540	86.46%	46,000 ~ 51,000	40,000 ~ 42,500	1,750	4	가운초		보통
58	중암동	삼성래미안	139	2003	1,168	86.92%	50,500 ~ 54,500	44,000 ~ 47,500	1,750	-	가운초		보통
60	중암동	중암아이파크2차	105	2005	782	86.87%	47,500 ~ 53,000	41,000 ~ 44,500	1,750	-	숭례초, 중암중, 고려대		보통

서울 관악구 아파트 목록 샘플

(자료 : 조인스랜드 부동산)

번호	소재지	단지명	면적(㎡)	건축년도	가구수	전세비율	매매가 (만원)	전세가 (만원)	매매최저가 전세최고가 차이금액 (만원)	지하철	학교	상권, 공원	최종결정
30	봉천동	관악푸르지오	1068	2004	2,104	88%	45,000 ~ 52,000	42,250 ~ 45,500	-500	X	봉천초, 봉원중		
31	봉천동	관악푸르지오	112	2004	2,104	87%	45,000 ~ 52,000	41,750 ~ 45,500	-500	X	봉천초, 봉원중		
17	봉천동	봉천벽산블루밍3차	106A	2004	281	88%	45,000 ~ 54,000	35,500 ~ 40,000	-250	X	은천초, 서울관악고		
18	봉천동	봉천벽산블루밍3차	108B	2004	281	88%	40,000 ~ 45,000	35,500 ~ 40,000	-	X	은천초, 서울관악고		
29	봉천동	관악푸르지오	106A	2004	2,104	88%	45,000 ~ 52,000	42,250 ~ 45,500	-	X	봉천초, 봉원중		
33	봉천동	두산	828	2000	2,001	87%	41,500 ~ 46,500	37,500 ~ 39,500	750	2-봉천역	은천초		
19	봉천동	성현동아	108	2000	1,261	88%	41,750 ~ 47,000	37,250 ~ 40,750	1,000	X	봉현초		
41	신림동	신림푸르지오1차	105B	2005	1,454	89%	47,500 ~ 54,000	44,500 ~ 46,500	1,000	X	미성초, 난곡동, 독산고		
40	봉천동	성현동아	141	2000	1,261	87%	47,750 ~ 53,250	42,750 ~ 45,250	1,000	X	봉현초		
51	봉천동	관악드림타운	82A	2003	3,544	86%	33,500 ~ 36,750	30,500 ~ 32,000	1,500	X	구암초, 중고		
52	봉천동	관악푸르지오	79	2004	2,104	86%	37,500 ~ 41,500	33,000 ~ 36,000	1,500	X	봉천초, 봉원중		
47	봉천동	관악드림타운	80	2003	3,544	86%	36,500 ~ 40,000	33,000 ~ 34,500	1,500	X	구암초, 중고		
48	봉천동	관악드림타운	82D	2003	3,544	86%	36,500 ~ 40,000	33,000 ~ 34,500	1,500	X	구암초, 중고		
67	신림동	국제선장	105A	1993	630	85%	29,000 ~ 33,250	25,000 ~ 27,500	1,500	X	광신고		
68	신림동	국제선장	105B	1993	630	85%	29,000 ~ 33,250	25,000 ~ 27,500	1,500	X	광신고		
48	신림동	관악산휴먼시아2단지	113A	2006	2,265	87%	38,750 ~ 44,500	35,000 ~ 37,000	1,500	X	난향초		
53	신림동	관악산휴먼시아2단지	112B	2006	2,265	87%	38,750 ~ 44,500	35,000 ~ 37,000	1,500	X	난향초		
51	신림동	관악산휴먼시아2단지	135	2006	2,265	86%	41,000 ~ 45,500	36,000 ~ 38,000	1,500	X	난향초		
25	봉천동	성현동아	86	2000	1,261	87%	53,500 ~ 37,000	29,750 ~ 31,750	1,700	X	봉현초		
57	봉천동	벽산블루밍1차	132	2003	2,105	87%	46,500 ~ 50,000	41,000 ~ 43,000	1,750	X	은천초, 서울관악고		
70	신림동	신림푸르지오1차	113A	2005	1,454	86%	38,750 ~ 44,500	35,000 ~ 37,000	1,750	X	구암초, 중고		
58	봉천동	봉천벽산블루밍3차	133	2004	281	86%	45,000 ~ 52,000	40,000 ~ 44,500	1,750	X	은천초, 서울관악고		
70	봉천동	관악벽산	106	1999	1,597	86%	44,000 ~ 48,000	38,500 ~ 40,500	1,750	X	봉천초, 봉원중		
71	신림동	신림푸르지오1차	106	2005	1,454	85%	43,500 ~ 49,000	35,500 ~ 38,500	1,850	X	미성초, 난곡동, 독산고		
73	신림동	신림푸르지오2차	76	2006	349	85%	34,500 ~ 37,000	29,500 ~ 31,000	2,000	X	난향초		
32	봉천동	두산	82A	2000	2,001	87%	41,500 ~ 46,500	37,500 ~ 39,500	2,000	2-봉천역	은천초		
74	신림동	신림푸르지오2차	103	2006	349	86%	38,750 ~ 44,500	34,500 ~ 36,500	2,000	X	난향초		
71	신림동	신림푸르지오1차	104A	2005	1,454	86%	43,500 ~ 56,500	44,500 ~ 46,500	2,000	X	미성초, 난곡동, 독산고		
46	봉천동	관악드림타운	828	2003	3,544	84%	36,500 ~ 39,000	32,500 ~ 34,000	2,250	X	난향초		
85	봉천동	관악산휴먼시아2단지	818	2006	2,265	84%	35,000 ~ 37,500	30,500 ~ 31,000	2,250	X	난향초		
85	봉천동	관악푸르지오	83	2004	2,104	84%	38,000 ~ 43,400	33,000 ~ 36,000	2,250	X	봉천초, 봉원중		
82	봉천동	관악드림타운	109	2003	3,544	84%	42,500 ~ 47,500	37,000 ~ 39,500	2,250	X	구암초, 중고		

서울은 지역도 광범위하고 아파트도 많기 때문에 손품 정보만으로 아파트를 선택한다는 것은 쉽지가 않다. 그래서 나만의 투자기준을 미리 세워서 그 기준에 맞지 않는 아파트들은 제외시키고, 최종적으로 남은 몇 개의 아파트 중에 옥석을 가려내야 한다.

성북구와 관악구의 전수 조사한 리스트 목록을 살펴보면 소재지, 단지명, 면적, 건축 년식, 가구 수, 전세비율, 매매가격, 전세가격으로 구성되어 있고, 매매 최저가격과 전세 최고가격의 차이를 볼 수 있는 항목도 있다. 그 뒤로는 입지를 간략하게 기록할 수 있도록 지하철, 학교, 상권 같은 항목도 볼 수 있다. 이런 항목들로 모든 아파트를 정리한 다음 아파트 선정 기준에 벗어나는 아파트는 하나씩 제거해나간다.

아파트를 찾을 때는 세대수가 너무 적은 아파트와 연식이 너무 오래된 아파트는 가급적 피하길 바란다. 인근 지역의 많은 아파트가 세대수가 적고 연식이 오래되었다면 큰 문제는 없지만 내가 선택한 아파트만 세대수가 적고 오래된 아파트라면 수요 범위가 축소될 수밖에 없기 때문에 이런 아파트는 될 수 있으면 피하길 바란다.

그런데 아이러니하게도 회복기 시장에서는 공급이 절대적으로 부족하기 때문에 세대수가 많지 않은 아파트든, 연식이 오래된 아파트든 상관없이 대부분 아파트 가격이 오른다. 심지어 그렇게 팔기가 어렵다는 나 홀로 아파트의 저층 아파트도 가격이 오른다. 그렇지만 시장에는 예상치 못한 변수가 항상 존재하기 때문에

부동산 투자, 흐름이 정답이다

되도록이면 조건이 좋지 못한 아파트는 피하는 것이 좋다. 세대수 기준은 어떤 사람은 300세대 이상을 생각하기도 하고, 어떤 사람은 1,000세대 이상을 기준으로 잡기도 한다. 어떤 것이 정답이라고 할 수 없지만, 세대수가 너무 적으면 관리비용과 아파트 단지의 주거환경이 약점으로 작용하기 때문에 너무 적은 단지 아파트는 피하는 것이 좋다.

투자금을 최소화할 수 있는 아파트를 찾기 위해서 가장 좋은 방법은 매매 최저가격에서 전세 최고가격를 뺀 후 차이 금액이 작은 아파트부터 찾는 것이다. 회복기 시장에서는 매매가격과 전세가격의 차이가 크지 않는데, 전세 물량이 절대적으로 부족하기 때문에 로얄층과 비로얄층의 전세가격 차이도 크지 않다. 따라서 이 시기에는 전세가격을 최대한 높게 받을 수 있다. 매매가격을 최저가격으로 기준 잡는 이유는 매수 시 목표가격으로 잡기 위해서다. 실제 시장에서는 그 가격에 매수할 수 없지만, 최대한 협상을 잘 해서 시세보다 조금 싸게 매수하도록 해야 한다. 어떤 때는 협상이 잘되면 생각보다 투자 금액을 줄일 수 있는 경우도 있다.

연식, 세대수, 투자금 크기 등의 기준으로 아파트 범위가 최대한 좁혀지면 입지 평가를 해야 하고 이때의 입지평가는 빠른 시간 내에 단순하게 해야 한다.

성북구 아파트 목록의 최상단에 있는 보문파크뷰자이 아파트 입지 평가를 한다고 생각해보자. 네이버 부동산 지도를 이용해 보문파크뷰자이 아파트를 찾은 다음 아파트 정보가 나오도록 클릭해 아파트 주변에 지하철역과 학교들이 있는지 빠르게 찾는다. 보문파크뷰자이 아파트는 6호선, 우이신설선, 1호선, 2호선 등을 가까운 거리에서 이용할 수 있는 위치에 있고, 주변에 초등학교, 중학교, 고등학교 등이 많음을 알 수 있다. 보문 파큐뷰자이 아파트 인근의 상권은 지도에서 확인이 되지 않지만, 아래에 동대문 대형 상권이 있다. 이렇게 찾은 정보들을 리스트에 기록하고 다음 아파트도 동일한 방식으로 리스트를 채우면 된다. 리스트가 다 채워지

네이버 부동산을 이용한 아파트 입지 평가

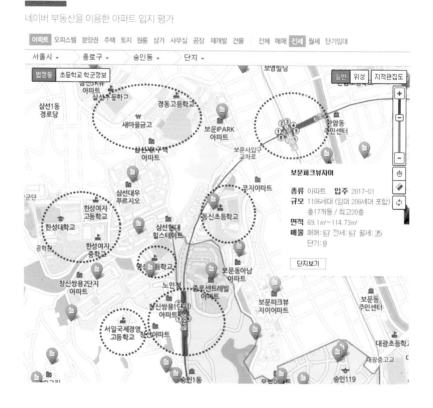

부동산 투자, 흐름이 정답이다

면, 투자 금액, 입지, 연식 등을 따져서 내 투자 기준에 들어오지 않는 아파트는 과감하게 제외시킨다. 그렇게 몇 개 단지를 옥석을 가려서 집중적으로 분석하면 효과적인 작업이 된다.

이와 같은 방식으로 성북구의 아파트를 조사하면 생각했던 것보다 많은 시간이 필요하지 않다. 성북구를 정리한 다음 강서구, 성동구, 관악구, 구로구 등 전세가율이 높은 지역 몇 곳을 동일한 방법으로 조사해 투자 가능한 아파트 현황을 파악하면 된다.

자치구의 모든 아파트를 정리한다고 생각하면 머리부터 지끈거리지만, 다행히 시간을 단축할 수 있는 방법이 있다. 조인스랜드부동산(http://joinsland.com)이라는 사이트인데 지금은 유명해져서 모르는 사람이 없다. 조인스랜드부동산의 시세 보는 곳에서 테마 검색을 할 수 있고 여러 가지 테마 중 "전세 비율 높은 아파트" 테마를 선택하면 필요한 자치구의 모든 아파트 목록을 전세가율이 높은 순으로 볼 수 있다. 전세가율이 높은 아파트 목록이 나오면 리스트를 복사한 후 엑셀에 붙여넣어서 필요한 부분은 편집해서 사용하면 된다.

조인스랜드 부동산 전세가율 찾기

조인스랜드부동산 전세비율 높은 아파트 찾기

번호	소재지	단지명	면적(㎡)	건축년도	가구수	전세비율	매매가 (만원)	매물	전세가 (만원)	매물
1	사근동	사근백산	127	2000	133	86.45%	35,750 ~ 40,000	0	31,000 ~ 35,000	0
2	금호동3가	금호1차푸르지오	133B	2005	336	85.00%	66,500 ~ 72,500	0	56,500 ~ 61,000	0
3	금호동2가	금호자이1차	140	2012	401	85.14%	83,500 ~ 89,000	0	71,500 ~ 77,500	0
4	금호동3가	금호자이푸르지오	133A1	2005	336	84.06%	66,500 ~ 71,500	0	55,000 ~ 58,500	0
5	금호동3가	금호1차푸르지오	135A	2005	336	84.06%	66,500 ~ 71,500	0	55,000 ~ 58,500	0
6	마장동	금호어울림	96	2006	367	84.03%	57,000 ~ 62,000	0	49,000 ~ 51,000	0
7	도선동	성동삼성쉐르빌	89	2006	342	84.78%	44,000 ~ 47,250	0	38,000 ~ 40,500	0
8	금호동1가	신금호두산위브	79A	2006	169	84.36%	48,250 ~ 53,750	0	40,750 ~ 46,250	0
9	금호동1가	신금호두산위브	79B	2006	169	84.36%	48,250 ~ 53,750	0	40,750 ~ 46,250	0
10	상왕십리동	텐즈힐2	155	2014	937	84.10%	94,500 ~ 100,000	0	79,500 ~ 85,000	0
11	상왕십리동	텐즈힐2	159	2014	937	84.62%	94,500 ~ 100,000	0	80,000 ~ 86,000	0
12	성수동2가	E-아름다운세상	94	2014	52	84.04%	45,000 ~ 48,500	0	38,500 ~ 40,500	0
13	금호동3가	금호한신휴플러스	134	2005	323	83.09%	65,000 ~ 70,500	0	55,000 ~ 59,500	0
14	금호동2가	래미안하이리버	149	2012	847	83.85%	90,000 ~ 104,000	0	77,500 ~ 83,000	0
15	사근동	사근백산	108	2000	133	83.95%	37,000 ~ 43,000	0	32,000 ~ 35,000	0

부동산 투자, 흐름이 정답이다

부킹 앱

조인스랜드 외에 전세가율이 높은 아파트를 확인하는 방법은 여러 가지가 있다. 그중 몇 가지만 소개하면 필자는 "부동산 랭킹 – 부킹"이라는 앱을 많이 사용한다. 여기에서는 전세가율 이외에도 부동산에 관련된 많은 정보를 확인할 수 있다.

그리고 최근에 인기가 높아진 호갱노노(http://hogangnono.com)도 전세가율을 확인하기 좋은 사이트다. 호갱노노는 지도를 보면서 여러 지표를 확인할 수 있는 장점이 있다. 지역별 전세가율 확인이 필요할 때는 부킹 앱이 편하고, 입지 및 부동산 위치 등과 각종 지표를 확인하고 싶으면 호갱노노가 사용하기 편하다. 각자의 성향에 맞는 방법으로 확인하면 된다.

호갱노노 전세가율 보는 방법

부동산 투자, 흐름이 정답이다

03

입지와
실수요

█████ 실거주 수요가 강하다는 것은 입지 환경이 좋아서 주거지역으로 인기가 높다는 것이다. 계속해서 반복하지만 입지 요건은 교통, 학군, 상권, 자연환경(공원, 강&바다조망) 등 네 가지 정도로 압축되는데, 입지가 우수한 아파트가 결국 좋은 가격을 인정받을 수밖에 없다. 강남구 중심상업지역과 종로구 중심상업지역으로 출퇴근하는 사람들은 대중교통을 쉽게 이용할 수 있는 아파트를 선호할 것이고, 소득이 높은 사람들은 학군과 주거 환경이 좋은 아파트를 선호할 것이다. 이 모든 것을 만족하는 곳을 찾는다면 당연히 가격이 비싼 곳이 될 수밖에는 없다. 그렇다고 투자를 무조건 비싼 곳에 할 수는 없기 때문에 가격이 비싸지 않으면서 입지가 좋은 아파트들 찾아내는 것이 핵심이다.

쉽게 생각해보자. A는 서울시청 인근 중견기업에 다니고 있다. A는 전세 만기가 되어 이사 갈 집을 구하는 중이다. 가능한 직장에서 가까운 아파트로 이사하고 싶어서 알아보니 최근 아파트 가격이 너무 올라서 직장 근처 아파트 이사는 엄두를 내지 못한다. 어쩔 수 없이 가격이 상대적으로 낮은 다른 지역을 찾아야 했다. 그렇게 찾아보다 눈에 들어오는 지역이 성북구이다. A가 가진 자산으로 집을 살 수 있는 지역이기도 하고, 4호선을 이용하면 시청까지 한 번에 출퇴근할 수 있기에 성북구(직주근접)를 알아보기로 했다. 성북구 중 어떤 아파트가 괜찮을지 몇 곳을 지정해서 보려고 하니 A는 또 고민이 되었다. 초등학교 졸업을 앞둔 아들과 1년 뒤면 초등학교 입학을 해야 하는 딸이 있어서 학교에 대한 고민이 많았다. 아이들 안전을 위해 단지 내 초등학교와 중학교를 이용할 수 있는 아파트(초품아)였으면 좋겠다고 생각하고 있었다. 맞벌이하는 A부부는 차랑 통행이 잦은 도로를 건너지 않고도 등·하교가 가능한 아파트를 찾을 수 있었다. 상권이 그렇게 좋은 곳은 아니지만, 연식이 오래되지 않은 대단지아파트였고 직장까지 대중교통도 편리해 계약하기로 했다. 이처럼 A는 대한민국 평범한 가정의 모습이다. 강남권에 살고는 싶지만, A처럼 강남권에 살지 못하는 사람들이 더 많다. 따라서 A가 집을 찾을 때 고려했던 사항들을 적용해서 투자할 아파트를 찾는다면 수요에 대한 문제는 어느 정도 해결되는 것이다.

입지가 훌륭하다는 것과 실거주 수요가 강하다는 것은 의미가 다르다. 입지가 훌륭하다는 것은 그 누구도 부정할 수 없을 정도의 입지를 가진 곳이다. 교통, 학군, 상권, 자연환경 등 어느 것

하나도 빠지지 않고 모든 사람의 갈망 대상이다. 강남의 래미안 대치팰리스와 서초 아크로리버파크 같은 아파트처럼 말이다. 하지만 실거주 수요가 강하다는 것은 앞에서 설명한 A가 찾는 그런 아파트다. 강남의 입지에는 미치지 못하지만 보통 사람들이 거주할 수 있도록 충분한 환경을 갖추고 있는 아파트라면 실거주자들은 자연스럽게 찾아간다. 그래서 가격이 비싼 자치구든 가격이 비싸지 않은 자치구든 그 나름의 입지 좋은 곳은 어디든지 존재한다. 각 자치구에는 랜드마크라고 불리는 아파트는 꼭 있기 마련이다. 랜드마크 아파트는 입지와 가격이 보장되어 있기 때문에 굳이 분석하지 않아도 좋은 아파트임을 알 수 있고 여건이 되면 그런 곳을 투자하면 된다. 하지만 앞에서도 말했듯이 그런 아파트는 비싸다. 그래서 그 대안이 되는 아파트를 찾아서 투자하면 투자 금액 대비 수익률이 높아진다.

04

아파트 단지
거래량 확인하기

████████ 아파트 거래량을 확인하는 이유는 거래량에 따라 수요 파악도 가능하며 얼마나 거래가 자주 되는지 확인해야 하기 때문이다. 거래가 많지 않다면 투자 시 곤란한 상황이 발생할 수도 있으므로 사전에 거래량을 파악해보는 것이 좋다. 매매와 전세거래량 기준은 각각 총 세대수의 1% 수준에서 거래가 되면 준수한 편이며, 총 세대수의 1.5% 수준에서 거래가 되면 거래량이 많은 편이다. 이 기준보다 낮은 수준에서 거래가 되는 아파트들은 조금 조심할 필요가 있다. 그리고 간혹 거래량이 평균 거래량 보다 갑자기 증가한 단지가 있는데 그런 곳은 투자자가 갑자기 유입되었을 가능성이 있고, 주변의 정비사업 개발로 이주자들 이동이 증가했을 가능성이 큰 곳이기 때문에 반드시 현장에서 확인해야 한다.

성북구 몇개 단지를 예로 들어보자. 길음4단지는 총 1605세대다. 매매거래량과 전세거래량이 적을 때는 0.5%에서 거래가 되

부동산 투자, 흐름이 정답이다

었고, 많을 때는 1~1.5% 정도에서 거래가 되고 있다.

길음4단지 매매거래량 (자료 : 아파트 실거래가 앱)

길음4단지 전세거래량 (자료 : 아파트 실거래가 앱)

종암래미안세레니티 아파트는 총 955세대다. 매매거래량은 적을 때는 0.5%에서 거래되었고 많을 때는 1~1.5% 정도에서 거래가 되고 있다. 그런데 전세거래량은 평균적으로 0.5% 이하 수준에서 거래가 되는 편이고, 간혹 2%까지 거래가 되었지만 그런 기간은 많지가 않다. 길음4단지에 비교해서 투자 수요가 많지 않다고 볼 수도 있다. 래미안세레니티 전세거래량이 상대적으로 많지 않기 때문에 투자 시 조금 유의할 필요는 있다고 생각할 수 있다.

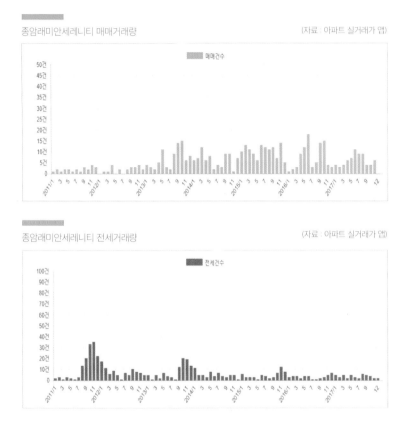

종암래미안세레니티 매매거래량 (자료 : 아파트 실거래가 앱)

종암래미안세레니티 전세거래량 (자료 : 아파트 실거래가 앱)

정릉태영 아파트는 총 514세대다. 매매거래량과 전세거래량이 적을 때는 0.5%에서 거래가 되었고 많을 때는 1% 정도에서 거래가 되고 있다. 거래량으로 세 단지를 비교했을 때 큰 차이는 아니

부동산 투자, 흐름이 정답이다

지만, 거래량이 조금 많은 길음4단지가 투자 시 유리하다고 평가할 수 있다. 물론 세 개 단지의 총 세대수가 다르기 때문에 비교 대상은 되지 않는다. 아파트 세대수가 많을수록 거래량이 많고 세대수가 적을수록 거래량이 적은 것은 상식이다. 한 가지 주의할 점은 아파트의 각각의 평형별 거래량도 체크해야 한다. 평형별 거래량은 평행별 해당 세대수에 비례하기 때문에 아파트 전체 거래량이 많아도 특정 평형대 세대수가 적으면 거래량이 적을 수 있다.

정릉태영 매매거래량   (자료 : 아파트 실거래가 앱)

정릉태영 전세거래량   (자료 : 아파트 실거래가 앱)

회복기 시장에 주목해야 할
분양권 시장

■■■■ 부동산 시장이 회복기에 진입했을 때, 주목해야 할 곳이 있다. 바로 분양권 시장이다. 시장이 회복되기 전, 불황기 때는 집을 사려는 심리가 죽어 있기 때문에 과잉공급으로 해소되지 못한 미분양 아파트도 거래가 되지 않는다. 그런데 시장이 회복되면 이런 미분양 아파트도 소진이 되고 마이너스 프리미엄 가격의 분양권은 어느 순간 상당한 프리미엄을 지불해야 살 수 있는 분양권이 된다. 회복기 시장에서 활황기 시장으로 전환되면 분양권 시장 상황은 또 달라진다. 회복기 시장에서는 실거주 수요에 의해 분양권 거래가 이루어지기 때문에 프리미엄 가격 상승 폭은 그렇게 크지 않다. 하지만 투자 수요가 진입하는 활황기 시장에서 분양권 프리미엄 가격은 천정부지로 뛰어오른다. 따라서 회복기 시장 때 분양권을 매입해 활황기 시장 때 처분하면 큰 시세차익을 노려볼 수 있다. 많은 사람이 시장이 과열된 후 상당한 프리미엄을 주고

분양권을 매입하는 방식으로 투자를 하는데, 과열된 시장이 식어
버리면 거품이 낀 프리미엄 가격은 불 보듯 뻔하게 된다. 다음 기
사는 서울의 분양권과 재개발·재건축 관련 기사다. 이런 자극적
인 기사를 보면 누구라도 투자하고 싶어지는 것이 사람의 심리다.

서울 부동산 관련 기사 (자료 : 네이버)

강남發 재건축 열풍 탄천 넘어 송파로…잠실·가락 '들썩'
서울 강남발(發) 재건축 열풍이 탄천을 넘어 송파구에도 불면서 들썩이고 있다. 최근 강남구 개포지구 재
건축 아파트들이 분양시장에서 연이어 흥행을 거두면서 송파 재건축 시장이 활황세를… 뉴스1 2016.06.09

재건축 신호탄 쏘아올린 상계동…강북 재건축 성공 '가늠자'
"재건축사업이 어떤 것인지를 주민에게 이해시키는데 오랜 시간이 걸렸습니다. 이제는 빠른 속도로 사업
을 진행하는 것만이 조합원에게 보답하는 길이라고 생각합니다."지난 7일 서울 노원… 이데일리
2016.06.09

속도내는 개포지구 재건축…청약시장 승승장구할까?
강남 대표 재건축 지역인 개포지구의 일반공급이 본격화되면서 부동산 투자 시장이 활기를 띠고 있다.일반
분양 청약 열기는 물론 아직 사업을 진행중인 재건축 아파트에도 투자수요가 붙으면… 뉴스1 2016.06.07
ㄴ '래미안 VS 디에이치'…개포 분양 대전(對戰) 조선비즈 2016.06.07

뜨거운 분양·입주권 시장…서울 1~5월 거래량 역대 最多
7일 서울부동산정보광장에 따르면 올해 1월부터 5월까지 신고된 서울 아파트 분양입주권 거래량은 3886
건으로 관련 통계를 집계(2007년 6월)하기 시작한 이후 1~5월 거래량으로는 가장 많았… 조선비즈
2016.06.07

강남발 재개발 훈풍..3만인파 습격사건
서울 아파트값이 지난해 7월 이후 최대 상승폭을 기록했다. 강남권 재건축이 상승세를 주도했다는 것이 특
징이다. 부동산114에 따르면 6월 첫주 기준 서울 아파트 매매가격은 전주 대비 0… 아시아경제 2016.06.07

개포 분양 열기…서울 최고 경쟁률 기록하나
오는 8일 삼성물산은 서울 강남구 일원동 일원현대아파트를 재건축하는 '래미안루체하임'을 분양한다. 개
포택지개발지구 내에 분양하는 두 번째 래미안 단지다. 앞서 분양한 개포2단지 재… 머니투데이 2016.06.07

7월 서울 분양권 거래 729건…역대 최대
연초부터 강남권 재건축 시장을 중심으로 분양시장 열기가 달아오르면서 지난달 서울 아파트 분양권 전매
량이 7200여건으로 연도별 7월 중 최대치를 기록한 데 이어 이달 현재도 400건에 육박… 이데일리
2016.08.22

저성장 · 저금리에 … 기업들 '부동산 쇼핑'
올해 4월 정보기술(IT) 기업 G사는 경북 포항시 지하 1층~지상 9층 규모의 상가 건물을 170억원에 인수했
다. 이 빌딩에는 5개층을 사용하는 대형 극장체인은 물론 유명 패션매장, 대형 외식… 한국일보 2016.08.22

과열된 시장은 공급이 많아지게 되면 금방 식어버린다. 따라서 빠져 나오는 타이밍을 놓쳐버리면 어느 정도의 손해는 감수해야 한다. 그래서 분양권 투자는 되도록이면 마이너스 프리미엄이나 낮은 금액의 프리미엄이 형성되어 있을 때 매입해 부동산 시장이 과열되기 전에 빠져 나오는 식으로 해야 안전한 투자가 될 수 있다. 서울의 분양권 거래량을 보면 시장 초기에는 분양권 거래가 많지 않다가 시장이 중후반으로 넘어가면서 분양권 거래량이 급속도로 증가한다. 경기도 분양권 거래도 마찬가지다.

서울과 경기도 분양권 시장을 종합해보면 2014년 부동산 가격이 회복하기 시작했던 시기(②번)에 갭 투자와 분양권 투자를 했다면 안전하고 꽤 높은 시세차익을 올릴 수 있는 시기였다. 서울과 경기도는 공급이 지속적으로 부족해 전세난이 계속되었기 때문에 2015년(③번과 ④번 사이)에도 갭 투자와 분양권 투자는 나쁘지 않았던 시기였다.

---

① 공급부족 → ② 미분양 아파트 감소 → ③ 부동산 가격 상승 → ④ 신축 아파트 분양가 상승 → ⑤ 정비사업 수익성 상승 → ⑥ 정비구역 조합원 입주권 가격 상승 → ⑦ 공급 확대 → ⑧ 미분양 증가 → ⑨ 부동산 가격 하락 → ⑩ 정비구역 사업성 악화

서울 아파트 분양권 거래량 (자료 : 한국감정원)

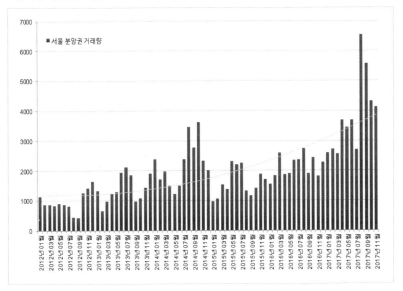

경기도 아파트 분양권 거래량 (자료 : 한국감정원)

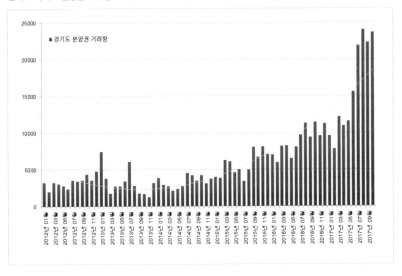

Part 6. 회복기 시장과 활황기 시장

다음 목록은 서울 분양권 아파트를 정리한 것이다. 이 목록을 정리한 시점이 2017년 6월이었는데 상당한 프리미엄이 붙은 것을 알 수 있다. 회복기 진입 시기에는 분양권을 찾는 수요는 실수요자들이 대부분이지만 부동산 시장 가격이 본격적인 회복기에 들어오면 투자자들도 분양권 시장에 유입된다.

따라서 시장이 회복기에 진입하고 있을 때 분양권 목록을 만들어서 초기 투자금이 많이 필요하지 않은 지역은 투자처로 생각해볼 수 있다. 서울 분양권 목록 중 한 가지 특이한 점은 대부분의 분양권 아파트가 재개발·재건축에 의해서 공급되고 있다는 것인데 그만큼 재개발·재건축 구역들의 사업 진행이 잘 되고 있다는 의미다. 여기에서 중요한 사실을 발견할 수 있다. 부동산 시장이 회복되어 아파트 가격이 상승하면 분양권 가격도 상승하고, 분양권 가격이 상승하면 재개발·재건축의 사업 진행이 잘 되어 조합원 입주권 가격도 상승한다는 것을 알 수 있다. 너무나 당연한 것이지만 모르는 사람들이 많다.

부동산 투자, 흐름이 정답이다

위치		아파트	입주년도	세대수	임대	호선·역이름	학군	재건축/재개발	평수	17.6.1 네이버 매매가	프리미엄	평단가	주변 매매시세	주변 전세시세	계약금(10%) + 프리미엄
강남구	삼성동	센트럴아이파크	2018.4	416	57	더블역세권	경기고	재건축	34	150,000		4,412			15,000
	일원동	래미안루체하임	2018.11	850	50	더블역세권	일원초,중·도곡	재건축	34	149,000	15,000	4,382			29,900
	개포동	래미안블레스티지	2019.2	1957	112		개원초,개포중	개포주공재건축	35	156,900	20,000	4,509			35,690
	개포동	디에이치아너힐즈	2019.8	1320	85	분당선		개포주공재건축	35	162,000	17,000	4,682			33,200
강동구	상일동	고덕숲아이파크	2017.11	687	27		한영고,강동고	고덕주공재건축	34	73,000	7,000	2,141			14,300
	명일동	래미안명일역솔베뉴	2019.6	1900	156	5-명일역	고명초,성악고	재건축	34	82,000	6,200	2,398	87,000	65,000	14,400
									25						
	고덕동	고덕그라시움	2019.9	4932	140	5-상일동역	조·중,고	고덕주공2재건축	25	67,000	5,300	2,680	73,000	52,000	12,000
									35	84,000	7,000	2,421	87,000	65,000	15,400
강북구	임사동	힐스테이트암사	2019.11	460	147	8-암사역	신암초	2019.11.30 전매제한							-
강서구	미아동	꿈의숲효성해링턴플레이스	2019.9	1028	88	4-미아사거리		미아9-1재건축	2018.9.21 전매제한						-
관악구	염창동	이편한세상염창	2019.3	499	56	9-염창역		염창1재건축	2018.7.17 전매제한						-
	봉천동	이편한세상 서울대입구	2019.6	1531	294			봉천12재개발	2018.6.12 전매제한						-
광진구	구의동	래미안구의파크스위트	2018.9	854		5-아지산역	광진초	구의1주택재건축	34	61,000	8,000	2,440			14,100
									25	77,000	8,000	2,292			15,700
금천구	독산동	롯데캐슬골드파크3차	2018.10	1236	179	1-금천구청역	금나래초		26	51,800	12,000	2,016			17,180
									26	61,700	10,000	1,714			16,170
노원구															
도봉구															
동대문구	답십리동	래미안답십리미드카운티	2018.5	1009	172		전농초	답십리18재개발	34	60,370	5,500	1,786	64,000	52,000	11,537
	답십리동	힐스테이트청계	2018.6	764	114	2-신답역	신답초	신안주택재건축	35	62,390	6,000	1,783	58,000	50,000	12,239
	답십리동	답십리파크자이	2019.1	802	140	5-답십리역	답십리초	답십리14재개발	25	45,000	4,500	2,021	45,000	37,000	9,600
	전농동	동대문롯데캐슬노블레스	2018.6	584	100			전농11재개발	26	53,000	20,000	2,038	56,000	40,000	25,300
									35	59,400	6,500	1,747	65,000	51,000	12,440
	휘경동	휘경SK뷰	2019.6	900	174	1-외대앞역		아문회결농탁운	25	42,775	11,000	1,739			15,278
									34	54,000	10,000	1,543			15,400
동작구	사당동	래미안이수역로이파크	2018.4	668	70	7-남성역	삼일초	사당1주택재건축	24	80,000	9,000	2,353	70,000	60,000	17,000
									34						
	흑석동	흑석뉴타운 롯데캐슬에듀포레	2018.11	545	94		중앙사대부초,중 중앙대학교	흑석8재개발	25	65,000	24,605	2,632	65,000		31,105
									34	85,000	27,860	2,478	76,000	59,000	36,360
	흑석동	흑석뉴타운 아크로 리버하임	2018.11	1073	162	9-흑석역	흑석초	흑석7재개발	24	80,000	32,000	3,333	68,000	60,000	40,000
									34	95,000	32,590	2,794	83,000	69,000	42,090
	상도동	e편한세상 상도 노빌리티	2018.12	893	5	7-상도역	강남초	상도1재건축	24	88,000	16,000	2,588	70,000	55,000	24,800
									25				58,000	48,000	-
	사당동	사당 롯데캐슬 골든포레	2020.2	959			상현중,상도동	사당2주택재건축	2018.7.11 전매제한						-

06

가격 흐름에 따라
시장은 차별화된다

███████ 부동산 시장을 회복기 시장과 활황기 시장으로 구분해서 분석하는 것은 시장 여건에 따라 투자 지역과 투자 방법이 달라져야 하기 때문이다. 그래서 회복기 시장과 활황기 시장의 특성을 잘 알아야 하고 향후 투자 방향 설정도 잘 해야 한다. 회복기 시장에서는 소액 투자가 가능한 갭 투자 방식과 사람들의 관심에서 멀어져 있는 분양권 투자가 수익률 측면에서는 유리하다. 반면에 활황기 시장에서는 입지가 좋고 개발 호재가 많은 곳의 투자가 수익률을 극대화할 수 있는 투자다. 활황기 시장은 개발 호재가 많고 입지가 뛰어난 곳에 수요가 집중된다. 투자자들의 생각은 동일하기 때문에 돈이 된다는 소문을 듣게 되면 분석도 확신도 없이 묻지마 투자를 하게 된다.

다음 차트는 서울 권역별 매매가격지수 차트다. 2015년 12월을 기준으로 살펴보면 그 이전에는 강북권을 제외한 모든 지역이

부동산 투자, 흐름이 정답이다

서울시 전체 평균 매매가격보다 상승세가 높았다. 그런데 2016년 상반기부터는 권역별 매매가격이 차별화 현상을 보였는데 강남권의 가격 상승세가 유난히 무섭다. 차트에서는 잘 보이지 않지만, 용산구, 마포구, 광진구, 영등포구, 동작구, 양천구 등도 서울 평균가격보다 높은 상승세를 보인다. 이들 지역에 포함되지 않은 나머지 지역들은 서울 평균가격보다 상승 폭이 낮았다. 즉, 회복기 시장에서 활황기 시장으로 전환하게 되면 지역별로 가격 차별화가 발생하며 전통적으로 가격이 높은 지역의 상승 폭은 더 커지게 된다. 물론 현 정부의 부동산 대책으로 수요가 특정한 지역에 집중돼 발생한 현상이기도 하지만 말이다. 가격 상승 폭이 높은 지역의 특징은 교통, 학군, 상권, 자연환경 등의 입지가 전통적으로 우수한 지역이며, 여기에 더불어 재개발·재건축 호재 및 대형개발 호재가 많은 신흥 지역도 가세했다.

서울 권역별 아파트 매매가격지수 (자료 : KB부동산)

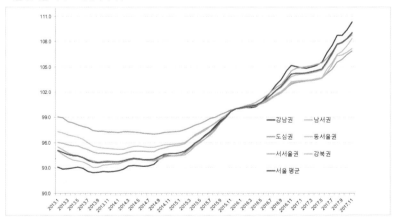

서울 권역별 매매가격지수 차트에서 살펴봤듯이 가격 오름세의 탄력이 붙은 지역은 가격이 무서울 정도로 상승한다. 강남구, 서초구, 송파구의 강남3구는 재건축 호재와 훌륭한 입지환경으로 가격 상승세가 지금도 멈추지 않고 있다. 강남3구 지역을 제외한 다른 지역 또한 가격 상승세가 유지되고 있고 지역별로 가격 차별화가 발생하고 있다.

일부 아파트를 제외하고 서울 대부분 아파트 투자 수익률은 회복기 시장(2013~2015년)보다는 활황기 시장(2015~2017년)일 때 투자 수익률이 더 높았다.

2013년 하반기 서울 시장이 회복되기는 했지만, 전세가율이 최고조에 달했던 시기가 아니었기에 투자금이 많이 필요했고, 가격 상승도 높지 않았기 때문이다.

2015년 상반기부터 전세가율이 큰 폭으로 상승했고, 매매금액과의 갭 차이가 줄어들자 가격 상승을 확인한 투자자들이 시장에 진입하기 시작했다. 그 이후로 재개발·재건축 투자와 분양권 투자 등으로도 많은 유동성 자금이 들어오게 되어 시장은 과열되어 매매가격이 큰 폭으로 상승했다. 이런 시장 환경이 활황기의 투자 수익률을 더 높였다. 활황기 때의 수익률은 강남구, 송파구, 서초구, 강동구, 성동구, 용산구, 강서구, 광진구 지역이 높다. 물론 재건축을 앞둔 아파트들은 전세가격이 낮아서 투자금액이 많이 들어가기 때문에 수익률이 높지 않다. 특히, 강동구, 성동구, 용산구, 광진구 등이 투자 신흥지역으로 인기를 끌고 있는데, 이

지역에 유동성 자금이 많이 유입된 것은 개발 호재가 많은 곳이기도 하지만, 강남3구의 아파트 가격이 무섭게 상승해 강남 진입 시기를 놓친 사람들이 그 대안으로 찾은 지역들이다. 강남3구 아파트의 대안으로 선택받으려면 교통과 학군이 좋아야 하고 한강 조망도 나와야 되며 무엇보다도 중요한 것은 강남 접근성이 좋아야 한다. 활황기 때의 강남3구 아파트 가격 상승 폭이 크면 클수록 그 대안이 되는 지역들 아파트 가격도 영향을 미치게 된다.

그런데 활황기 때보다 회복기 시장 때 수익률이 높은 곳도 있다. 가령 성북구에 위치한 일부 아파트들은 2013~2015년까지 투자 기간으로 잡았을 경우 수익률이 더 높다. 전세가율은 높지만, 아파트 가격 상승은 상대적으로 크지 않았다는 것인데, 전세가율이 무조건 높은 아파트에 투자하면 안되는 이유가 여기에 있다. 물론 투자금을 최소화한다는 측면에서 접근하면 전세가율이 높은 곳을 찾는 것도 나쁘지 않다. 그 이유는 2년의 단기 투자 시 수익률이 더 높긴 하지만, 단기가 아닌 4년을 보유하게 되어도 총 수익률이 낮지만은 않기 때문이다.

가격 흐름에 따라 시장의 상승폭은 차별화되지만 정부에서 강남 집값을 잡으려는 이유는 강남집 가격이 오르면 연쇄적으로 그 여파가 다른 지역에도 미치기 때문이다. 이런 현상은 2000년대 중반에 이미 경험했던 것으로 정부에서도 갭 메우기 현상으로 서울 전 지역의 과열 현상을 바라지 않는다.

서울 아파트 지역별 수익률

지역	아파트	구분		2013년 12월	2015년 12월	2년 투자 수익률	2015년 12월	2017년 12월	2년 투자 수익률	4년 투자 수익률
강남구 청담동	청담자이 (22평)	2011년708 세대	매매가격	81,000	94,000	43%	94,000	127,500	156%	155%
			전세가격	51,000	72,500		72,500	77,500		
			(매매-전세)	30,000	21,500		21,500	50,000		
			전세가율	63%	77%		77%	61%		
송파구 잠실동	리센츠 (33평형)	2008년556 3세대	매매가격	98,000	109,500	44%	109,500	151,500	195%	206%
			전세가격	72,000	88,000		88,000	93,000		
			(매매-전세)	26,000	21,500		21,500	58,500		
			전세가율	73%	80%		80%	61%		
강동구 고덕동	고덕 아아파크 (26평형)	2011년114 2세대	매매가격	53,500	57,000	21%	57,000	75,000	141%	130%
			전세가격	37,000	44,250		44,250	55,500		
			(매매-전세)	16,500	12,750		12,750	19,500		
			전세가율	69%	78%		78%	74%		
광진구 광장동	광장극동2 (28평형)	1989년896 세대	매매가격	51,500	56,500	26%	56,500	87,000	191%	187%
			전세가격	32,500	40,500		40,500	45,500		
			(매매-전세)	19,000	16,000		16,000	41,500		
			전세가율	63%	72%		72%	52%		
성동구 옥수동	래미안옥수 리버젠 (33평형)	2012년151 1대	매매가격	76,500	89,000	56%	89,000	114,000	172%	167%
			전세가격	54,000	74,500		74,500	80,000		
			(매매-전세)	22,500	14,500		14,500	34,000		
			전세가율	71%	84%		84%	70%		
마포구 공덕동	공덕 래미안5차 (24평형)	2011년794 세대	매매가격	53,500	59,500	44%	59,500	77,000	152%	174%
			전세가격	40,000	48,000		48,000	52,000		
			(매매-전세)	13,500	11,500		11,500	25,000		
			전세가율	75%	81%		81%	68%		
용산구 이촌동	한가람 (24평형)	1998년203 6세대	매매가격	55,500	65,000	46%	65,000	91,000	118%	173%
			전세가격	35,000	43,000		43,000	50,500		
			(매매-전세)	20,500	22,000		22,000	40,500		
			전세가율	63%	66%		66%	55%		
성북구 길음동	길음4단지 (24평형)	2005년 1605세대	매매가격	33,000	42,750	139%	42,750	45,000	41%	171%
			전세가격	26,000	37,250		37,250	38,750		
			(매매-전세)	7,000	5,500		5,500	6,250		
			전세가율	79%	87%		87%	86%		
강서구 등촌동	등촌 주공3단지 (24평형)	1995년 1016세대	매매가격	30,500	37,000	72%	37,000	50,500	164%	222%
			전세가격	21,500	28,750		28,750	29,000		
			(매매-전세)	9,000	8,250		8,250	21,500		
			전세가율	70%	78%		78%	57%		
구로구 구로동	삼성래미안 (30평형)	2004년 1244세대	매매가격	44,000	46,250	17%	46,250	53,250	82%	69%
			전세가격	30,500	37,750		37,750	41,750		
			(매매-전세)	13,500	8,500		8,500	11,500		
			전세가율	69%	82%		82%	78%		
동작구 상도동	상도 더샵1차 (32평형)	2007년112 2세대	매매가격	57,000	60,000	15%	60,000	77,000	340%	98%
			전세가격	36,500	55,000		55,000	60,000		
			(매매-전세)	20,500	5,000		5,000	17,000		
			전세가율	64%	92%		92%	78%		
관악구 봉천동	관악 푸르지오 (25평형)	2004년210 4세대	매매가격	34,500	40,250	68%	40,250	48,000	141%	159%
			전세가격	26,000	34,750		34,750	37,000		
			(매매-전세)	8,500	5,500		5,500	11,000		
			전세가율	75%	86%		86%	77%		
노원구 상계동	주공3단지 (24평형)	1988년 2213세대	매매가격	26,250	30,750	49%	30,750	41,000	132%	159%
			전세가격	17,000	23,000		23,000	22,750		
			(매매-전세)	9,250	7,750		7,750	18,250		
			전세가율	65%	75%		75%	55%		

부동산 투자, 흐름이 정답이다

07

활황기 시장의 꽃,
재개발·재건축

■■■■ 활황기 시장의 꽃은 누가 뭐라고 해도 재개발·재건축 사업이다. 따라서 정비 사업의 특징을 어느 정도 알고 있으면 좋은 투자처가 될 수 있다.

재개발·재건축 사업 추진절차 중 큰 이벤트만 살펴보면 정비구역지정 → 조합설립인가 → 사업시행인가 → 관리처분인가 → 착공 → 일반분양 → 준공 순으로 사업이 진행된다. 재개발 사업은 토지나 건축물을 소유하고 있는 사람들을 조합원으로 구성해 사업을 진행하기 때문에 조합원들의 참여 여부에 따라서 사업 성공이 달려 있다. 조합원 구성은 단독주택을 소유하고 있는 사람들도 있고, 빌라 같은 다세대주택을 소유한 사람도 있으며, 상가 건물을 소유하고 있는 사람들도 있다. 구역 내 다양한 형태의 부동산이 산재해 있기 때문에 각 부동산의 가치는 다를 수밖에 없는데 가치에 합당한 평가를 해주지 않는다면 사업에 반대를 하는 조합원이 많아진다. 반대 세력이 늘어나면 사업 속도는 지연되어 사업 성공을 보장할 수 없게 된다. 부동산 시장이 좋을 때는 단계별 사업 진행이 상당히 빠르게 진행되지만, 부동산 시장이 좋지 못할 때는 오랫동안 사업이 진행되지 못하고 시간만 보내게 된다. 사업 완료 후 수익성이 좋지 못하면 그 영향이 조합원들에게 고스란히 돌아오기 때문에 부동산 시장이 좋을 때 사업을 완료하려는 의지가 더 강하다. 따라서 시간이 지남에 따라 사업이 한 단계씩 올라가게 되면 사업성의 불안 요소가 하나씩 제거된다는 의미다. 불안 요소가 하나씩 제거될 때마다 투자자 유입으로 거래량이 증가되고 가격도 상승하게 된다. 도시 정비 사업 추진 과정에서 불안요소가 제거되는 시기는 크게 보면 조합설립, 사업시행인가, 시공사 선정, 감정평가, 관리처분인가 단계이며 각각의 시기에 투자를 검토해야 한다.

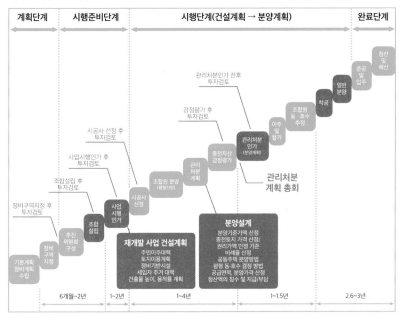

재개발 사업 추진 절차

계획단계	시행준비단계	시행단계(건설계획 → 분양계획)	완료단계

청산 및 해산

준공 및 입주

일반 분양

착공

조합원 동·호수 추첨

이주 및 철거

관리처분인가 전후 투자검토

관리처분 인가 (분양계획)

감정평가 후 투자검토

종전자산 감정평가

관리처분 계획

시공사 선정 후 투자검토

조합원 분양 (평형신청)

관리처분 계획 총회

사업시행인가 후 투자검토

시공사 선정

조합설립 후 투자검토

사업 시행 인가

정비구역지정 후 투자검토

조합 설립

재개발 사업 건설계획
주민이주대책
토지이용계획
정비기반시설
세입자 주거 대책
건축물 높이, 용적률 계획

분양설계
분양기준가액 산정
종전토지 가격 산정/
권리가액 인정 기준
비례율 산정
공동주택 분양방법
평형 동·호수 결정 방법
공급면적, 분양가격 산정
청산액의 징수 및 지급/부담

추진 위원회 구성

정비 구역 지정

기본계획 정비계획 수립

6개월~2년	1~2년	1~4년	1~1.5년	2.6~3년

부동산 시장이 좋지 못할 경우 정비구역 지정에서 사업이 본격적으로 시작되는 사업시행인가단계까지 어떤 구역들은 10년이 되도록 제자리인 경우가 많다. 이 시기에 정비 구역에 투자한 사람들은 시간과의 싸움을 할 수밖에 없고 더딘 사업 진행에 지치게 된다. 이런 경우를 많이 봐왔던 사람들은 재개발·재건축 투자는 시간이 오래 걸리는 투자 방법이라고 생각할 수밖에 없다. 그런데 부동산 시장이 살아나게 되면 사업 진행속도가 조금씩 빨라져서 구역 내 거래가 활발해진다. 오랜 기다림으로 지쳐 있던 조합원들은 시장이 좋을 때 애물단지를 처분하고 사업장에서 빠져나오려

고 한다. 재개발 구역에 투자한 몇 가지 사례를 보자.

부산 남구에 사는 A는 2005년에 신혼집을 구하려고 중개업소를 찾아갔고, 다행히 마음에 드는 집이 있어 계약을 빠르게 진행했다. 그러던 중 중개업소로부터 아파트 인근에 진행되고 있는 재개발 투자를 권유받았고, A는 마침 가지고 있던 여유자금으로 재개발 투자를 처음으로 하게 되었다. 그런데 A가 투자했던 재개발 구역은 조합이 설립되지도 않은 구역이었다. 2005년의 부산은 침체된 시장이었기 때문에 재개발 사업 진행이 잘 될 리 만무했고 매수자가 나타나지 않아 A는 2010년까지 울며 겨자 먹기로 보유할 수밖에 없었다. A는 중개업소의 말만 믿고 재개발 구역에 투자한 것을 뒤늦게 후회했다.

그런데 2010년이 되어 부동산 경기가 좋아지기 시작했고 빠른 시기에 조합설립이 되었다. 조합설립이 된 후 투자 문의가 증가되었고, A가 보유하고 있던 주택에도 관심을 가지는 사람들 문의가 많아졌다. 며칠 뒤 B라는 사람에게 1,000만 원의 프리미엄을 받고 처분하기로 했다. 마음고생이 많았던 A는 프리미엄 가격이 작더라도 빨리 처분해서 잊어버리고 싶었던 것이다.

B가 A의 주택을 매수한 이후 사업 진행이 상당히 빠르게 되어 2년 만에 관리처분인가를 받았고 곧 이주를 앞두게 되었다. 2012년은 부산의 부동산 가격이 최고 호황기였기 때문에 조합원분양가와 일반분양가격의 차이가 커서 상대적으로 가격이 저렴한 조합원입주권을 찾는 수요도 많았다. 시기를 잘 만난 B는 1억 원

의 프리미엄을 받고 C라는 사람에게 입주권을 매도했다. C는 아파트가 준공되면 실제 입주할 실거주자였다. B는 입주권을 처분함으로써 양도세와 부대비용을 제외하고도 100%가 넘는 수익을 실현했고 그렇게 재개발 투자를 성공적으로 마치게 되었다. B는 2년 만에 1억 원의 프리미엄을, A는 6년 동안 1,000만 원의 프리미엄을 받고 주택을 처분했는데 A와 B의 수익률에 상당한 차이가 발생했다. 부동산을 취득한 시기가 얼마나 중요한지 보여주는 대목이다.

　침체되어 있던 부동산 시장이 공급 부족으로 인해 회복하게 되면 대부분 아파트 가격이 상승한다는 것을 앞에서 살펴봤다. 이때는 소액 자금으로도 접근이 가능한 갭 투자 방법이 수익률이 크다는 것도 살펴봤다. 회복기 시장에서는 지역에 따라 차이가 있지만 보통 2,000~5,000만 원 정도의 투자금이면 문안하게 투자할 수 있는 방법이 갭 투자다. 가령 아파트 한 채에 투자하는 데 2,000만 원의 투자금이 필요하다면, 2억 원이면 10채를 투자할 수 있다. 자금력이 좋은 사람들은 시장에서 물건을 사듯이 아파트도 여러 채를 매수한다. 이것이 바로 갭 투자의 힘이다. 공급 부족으로 구축 아파트 시장의 가격이 상승하면 신축 아파트의 분양 가격도 당연히 높아진다. 실거주자들은 신축 아파트를 분양받기 위해 청약도 해보고 분양권 전매도 고려해보지만 청약은 가점이 높지 않은 이상 분양받기가 너무 힘들고, 분양권 프리미엄 가격도 비싸기 때문에 쉽게 매수하기가 꺼려지게 된다. 2년 전까지만 해도 미분양이 많아 거래가 되지 않던 신축 아파트마저도 시장이 좋아지면 높은 프리미엄 금액에서 거래된다. 앞의 재개발 입주권을 매수한 C가 바로 그런 경우다. 신축 아파트에 입주하고 싶었지만 가격이 너무 올라서 엄두가 나지 않던 상황이었는데 중개업소 소개로 조합원 입주권을 매수하게 되었던 것이다.

신축 아파트에 입주 한 C는 재개발 투자를 하기위해서 공부를 하게 되었고, 다른 재개발 구역의 주택을 매수하게 되었다. C가 매수한 주택에는 싼 보증금에 전세임차인이 살고 있었기 때문에 많은 투자금이 필요했고, 더군다나 이미 재개발투자는 호황기였기 때문에 추가로 지불해야 되는 프리미엄도 컸다. 대략 2억 원의 투자금이 들어갔지만 부동산 시장이 좋다고 생각한 C는 당연히 주택 가격도 상승할 것이라고 믿고 있었다. 그런데 C가 매수한 재개발 구역은 관리처분을 받고 이주하기 전의 상황이었기 때문에 프리미엄 가격이 이미 상당히 올라 있었다. 부동산 활황기 때는 입주권과 분양권의 거래가 많기 때문에 높은 프리미엄이 형성되는데 그런 시장에 C가 투자를 한 것이다. 더군다나 C가 매수할 때 지불한 프리미엄을 입주권가격에 포함하게 될 경우 일반분양 가격과 큰 차이가 없어서 C가 입주권을 매도하려고 하니 큰 수익이 발생하지 않는 것이었다. 애초에 C는 많은 프리미엄을 지불하고 샀기 때문에 더 큰 가격 상승을 기대할 수 없었던 것이고 투자금액 대비 큰 수익을 보지 못한 투자가 되었다.

앞의 사례처럼 A, B, C는 같은 재개발 투자를 했지만, 전혀

부동산 투자, 흐름이 정답이다

다른 결과의 투자를 한 것이다. 같은 재개발 투자라고 해도 어떤 시기에 했느냐에 따라서 수익률이 달라진다. A, B, C의 투자 시기가 달랐던 것은 재개발사업에 대한 분석이 없었고, 가격이 상승하는 시장 원리를 몰랐기 때문이다. 앞서 본 시장의 가격 흐름을 다시 살펴보자.

---

①공급부족 → ②미분양 아파트 감소 → ③부동산 가격 상승 → ④신축 아파트 분양가 상승 → ⑤정비사업 수익성 상승 → ⑥정비구역 조합원 입주권 가격 상승 → ⑦공급 확대 → ⑧미분양 증가 → ⑨부동산 가격 하락 → ⑩정비구역 사업성 악화

재개발·재건축 투자에 대한 경험이 없는 사람들은 대부분 부동산 시장이 침체기인 ①번 시기 이전에 투자하거나 정비사업 투자 열기가 뜨거워지는 ⑥번과 ⑦번 시기 사이에 투자를 많이 한다. 그리고 분양권 투자도 마찬가지인데 분양권 투자를 잘 모르는 사람들은 ⑦번 시점에 대부분 투자를 많이 한다. 시장이 조용할 때는 투자를 꺼리고, 부동산 가격이 상승하고 시장이 과열되면 그때서야 투자를 해볼까 하고 시장에 참여하게 되는 것이 일반적인 투자자의 투자 방법이다. 대부분 사람이 가격이 상승한 후 시장에 참여하기 때문에 수익의 크기가 작거나 수익이 나지 않은 부동산 투자를 하고 있다. 시장의 가격 흐름이 변화는 원인을 모른 채

주위 사람들이 투자한다고 하면 따라서 하게 되고, 막연히 가격이 올라주기만을 바라는 잘못된 투자의 악순환이 이어지고 있다.

앞의 A, B, C 사례에서 큰 수익을 올린 B는 ①번과 ②번 사이에 재개발 투자를 했고 ⑥번 시기에 팔고 나왔기 때문에 많은 수익을 올릴 수 있었다. 가장 많은 수익을 얻을 수 있는 투자였기도 하지만 가장 안전한 투자를 했다고 할 수 있다. 늘 말하는 것이지만 투자는 즐거워야 하며 즐겁게 하기 위해서는 위험부담이 큰 투자보다는 안전한 투자를 해야 한다. 돈 조금 벌어보자고 재테크를 하려다 위험한 투자를 계속하면 안 한 것만 못하다.

앞에서 재개발·재건축 구역의 사업 단계별 정리 방법을 확인했는데 시장의 공급량 및 흐름 예측을 위해서 필요하기도 하지만 회복기 시장 초반에 투자 가능 여부 학인을 위해서 구역 정리를 하면 좋다. 리스트를 정리한 후 네이버 지도의 지적도 버전으로 각 구역의 위치도 대략 파악하면서 정리를 하면 더 효과적이다.

뒤의 테이블은 앞에서 살펴봤던 서울 재개발·재건축 현황 목록이다. 필자는 어떤 지역을 투자할 경우 초기 단계에서 재개발·재건축 현황 목록을 만들어서 시장 흐름도 파악하고 투자 검토도 같이하는 편이다. 비록 투자보다는 흐름 파악 용도로 더 많이 활용하지만 말이다.

부동산 투자, 흐름이 정답이다

(자료 : 클린업시스템)

행정구역	구역명	구분	위치	세대수	동수	건폐율	용적율	시공사	추진위원회	조합설립	사업시행	관리처분	착공	일반분양	준공	비고
강남구	개포주공3	재건축	개포동138	1235	12	21	250		2013.01				2016.06			
	개포주공2	재건축	개포동140	1839		18	250		2013.06	2014.05	2015.02	2015.12				
	개포주공5	재건축	개포동187													
	개포주공4	재건축	개포동189	3055		19	250		2013.11			2017.06				
	개포현대1	재건축	개포동653													
	개포시영	재건축	개포동656	2176	29	21	250		2013.08	2014.06				2017.08	2017.09	
	개포1동주공	재건축	개포동660-4			15	249		2003.10							
	경북아파트	재건축	논현동276	368		22	300		2003.09	2010.12			2012.05		2015.09	
	대치우성1	재건축	대치동63	662	7	25	300		2017.01							
	쌍용2차	재건축	대치동65	539	5	19	300		2015.07	2017.09						
	쌍용1차	재건축	대치동66	1105					2016.01							
	은마	재건축	대치동316	5811		19	308		2003.12							추진위원회
	대치국제	재건축	대치동612	240	4	27	247		2012.10					2017.06		
	청실	재건축	대치동633	1648		14	259		2013.05						2015.09	
	대치동구마을1	재건축	대치동963	454	10	26	241		2003.06	2015.10						
	대치동구마을3	재건축	대치동964	263	6	41	250		2014.09	2015.10						
	대치2지구	재건축	대치동977	268	6	35	220		2003.06	2005.10						
	개포럭키	재건축	도곡동462	157	2	26	299		2003.11							
	도곡동개포5차	재건축	도곡동463-1						2009.06							
	개포한신	재건축	도곡동464	819	8	20	300		2003.11	2017.11						

재개발·재건축 현황 목록을 정리한 후 투자할 수 있는 지역을 빠르게 검토하기 위해서 지역과 사업구역을 좁혀나가야 한다. 그런데 서울은 재개발·재건축 구역이 많으므로 모든 현황을 정리한다는 것은 무리가 있다. 그래서 투자 가능한 구역을 파악하기 위해서 간단히 테이블을 만들어 정리하는 것이 좋다. 테이블을 만들어 각 구역의 현황을 파악한 후 투자금 한도를 벗어나는 지역들은 과감하게 제외한다. 정확한 현황은 현장에 직접 방문해서 파악하는 것이 좋겠지만, 투자 가능성 정도만 확인하려면 블로그나 인터넷 정보만으로 충분하다.

재개발 구역 투자 체크 리스트

행정 구역	구역명	단계		감평 (만원)	비례율	프리 미엄 (만원)	매매 금액 (만원)	이주비 비율	투자금 (만원)	조합원 분양가 (만원)	인근 아파트 시세	예상 분양가 (만원)	일반분양가 조합원분양가 차이 (만원)
		사업 시행	관리 처분										
동작구	A구역		●	27,000	103	1,000	28,000	70	9,100	30,000	40,000	41,500	11,500
영등포구	B구역	●		30,000	115	1,000	31,000	70	10,000	38,000	43,000	47,000	9,000
성북구	C구역		●	25,000	105	2,000	27,000	70	9,500	31,000	38,000	38,000	7,000
마포구	D구역	●		23,000	105	3,000	26,000	70	9,900	31,000	40,000	43,000	12,000
은평구	E구역	●		15,000	110	1,500	16,500	70	6,000	29,000	36,000	35,000	6,000
서대문구	F구역	●		29,000	104	2,000	31,000	70	10,700	33,000	40,000	41,000	8,000
관악구	H구역		●	23,000	105	500	23,500	70	7,400	31000	37000	41000	10,000

　　재개발 구역 투자 가능성을 판단할 때 제일 중요한 것은 초기 투자금과 투자 기간이다. 투자 기간을 검토하기 위해서는 사업 진행 단계를 먼저 확인해야 한다. 많은 구역 중 사업시행인가 후 감정평가가 완료된 구역이나 관리처분인가 전 후의 구역들로 압축시킨다. 부동산 경기가 회복될 때 재개발 구역의 사업 진행이 빨라지기 때문에 사업 단계가 관리처분인가 전후의 구역을 찾아서 투자하면 단기투자가 가능하다. 따라서 재개발 투자의 안전성과 투자 기간을 최대한 단축하기 위해서 사업 단계가 막바지인 구역들이 좋다고 할 수 있다. 물론 초기 투자금 대비 충분한 수익률이 보장되는 구역이어야 한다.

　　동작구 A구역의 주택을 투자한다고 가정해보자. 2억 8,000만 원에 주택을 매수했고 이 매매 금액에는 프리미엄 1,000만 원이 포함되었다. 관리처분인가를 받은 구역이기 때문에 곧 이주하게 되고 이주비는 감정평가의 70%인 1억 8,9000만 원이 지원된다고

　　　　　　　　　　　부동산 투자, 흐름이 정답이다

하자. 이 금액을 매매금액에서 차감하면 초기 투자금은 9,100만 원이 들어간다. 물론 취득세를 포함한 각종 부대비용과 이사비나 이주촉진비 같은 지원금에 따라 초기 투자비용이 달라지지만 재개발 구역의 투자 가능 여부를 빠르게 판단하기 위해 이런 부분들은 생략한다. 그리고 두 번째로 중요한 것은 투자금 대비 수익률이다. 수익률은 재개발 투자 시 어떤 매물을 취득하냐에 따라 달라지기 때문에 처음에는 대략적인 파악만 한다. 동작구 A구역에 2억 8,000만 원에 취득한 주택의 조합원 분양가는 약 3억 원이며 32평형을 배정받았다. A구역 인근 32평형 아파트의 현재 시세는 4억 원 정도에 거래되고 있었다. A구역이 일반분양하는 시점을 생각해 일반분양가를 예측해보니 4억 1,500만 원이 된다고 가정하면 이 금액에서 조합원 분양가를 빼니 1억 1,500만 원의 차이가 발생한다. 1억 이상의 차이가 발생하는 사업장에 9,100만 원의 투자금액이 들어간다는 것은 그렇게 나쁜 조건이 아니기 때문에 추가 분석할 곳이라고 체크해둬 다음에 중개업소에 연락해 재확인해나간다. 다른 구역들도 이와 같은 방식으로 확인해서 초기 투자금과 수익성을 분석해본다. 물론 체크 과정에서 일반분양가 및 기타 비용들을 추정해서 분석했기 때문에 직접 투자할 경우 금액이 다를 수 있다. 투자 시 반드시 현장에서 정확한 정보를 수집해 최종 결정을 해야 한다.

08

부동산 시장 최고의 교재, 부산

██████ 활황기 시장은 실수요보다는 투자 수요에 의해 부동산 가격이 상승하는 시장이다. 회복기 시장에서는 공급이 추세적으로 부족하기 때문에 대부분의 아파트 가격이 상승한다. 회복기 시장은 투자 수요보다는 시장에 직접 참여하는 실수요자들이 집 가격 상승을 더 빠르게 체감할 수 있다. 아파트 가격 상승이 빠름을 체감하게 되면 실거주자들은 더 늦기 전에 집을 사려고 하는 심리가 강하다. 이러한 심리가 축적되면 아파트 가격 상승세는 무섭게 변한다.

부동산 시장이 회복되어 가격이 상승하면 각종 언론에서 집 값 상승 보도를 쏟아내기 시작하고 그때서야 실거주자들을 포함해 투자자들까지도 뒤늦게 시장에 참여하게 된다. 잘 생각해보자. 불황기였던 부동산 시장 때는 주위에서 아파트를 샀다는 얘기도, 투자했다는 얘기도 잘 들을 수가 없다. 정말 집이 필요해서 사는 사람 아니고서는 투자로 집을 사려고 하지 않기 때문이다. 그런데 부동산 가격이 상승하면서 주위 누군가가 부동산을 투자해서 돈을 벌었다는 얘기를 조금씩 듣게 되면 부동산 투자를 고민하기 시작한다. 더욱이 부동산 시장이 좋아지면 신규 아파트 분양 물량이 많아지게 되어 분양권 시장이 투자자들까지도 끌어들이게 된다. 분양권 시장의 수요는 실수요보다 투자 수요가 많기 때문에 프리미엄 가격 상승이 지속되고, 분양권 가격 상승은 시장에 공급될 신규 아파트 분양 가격도 높아지게 한다.

분양권 시장이 활황일 때 재개발·재건축 조합원 입주권 투자는 부동산 가격에 기름을 붓는 격이 된다. 정비사업은 오래된 주택을 철거하고 주거환경이 좋은 아파트 단지를 정비하는 사업이기 때문에 가격 상승에 대한 기대 심리가 그 어떤 부동산보다 높다. 따라서 활황기 시장일 때는 분양권 투자와 재개발·재건축 투자가 급속도로 퍼져나간다. 활황기 시장의 특징은 투자 수요의 계속된 시장진입으로 매매가격은 식을 줄 모르고 상승하지만 전세가격은 상승하지 못한 체 정체하는 모습을 보인다. 그 이유는 활황기 시장은 공급이 증가하는 시장이기 때문에 더 이상 집이 부족한 시기는 아니며 전세난 같은 상황이 발생되지 않기 때문에 전세가격은 크게 상승하지 않는다.

회복기 시장과 활황기 시장을 최근에 경험했던 도시는 부산이다. 서울과 대구는 회복기와 활황기 시장이 진행 중인 도시라고 할 수 있고, 부산은 흐름의 정점에서 이제는 빠져나오고 있는 시장이기 때문에 흐름 분석하기에 이만한 도시는 없다.

　부산의 아파트 가격은 2009~2012년까지 1차 상승기와 2014
~2017년까지 2차 상승기로 총 2번의 상승 구간을 경험했다.
2009년부터 시작된 1차 상승기는 공급이 절대적으로 부족해서
상승한 시장이며, 2014년 이후 2차 상승기는 공급은 부족하지 않
지만 투자 수요가 시장에 적극적으로 참여해 상승한 시장이라고
할 수 있다.

부산 아파트 매매가격 지수　　　　　　　　　　　　　　　(자료 : KB부동산)

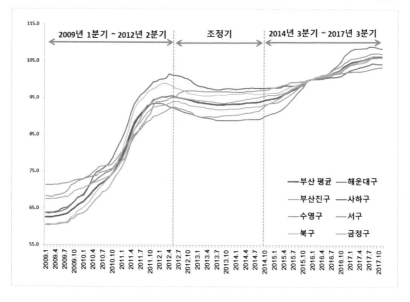

1차 상승기에는 부산의 공급이 부족했던 시기였기 때문에 대부분 지역의 부동산 가격이 동반 상승했다. 1차 상승기 때는 서부산권의 가격 상승세가 더 높았고, 해운대구, 수영구, 남구가 있는 동부산권 지역 가격 상승 폭은 상대적으로 크지 않았다. 부동산 경기가 회복된 1차 상승기 이후 신규 아파트 공급이 단기적으로 많아졌고 부산의 아파트 가격은 약 2년간 조정을 받았다. 2013년 상반기에는 미분양 물량이 7,000호 가까이 되기도 했었다. 그런데 누적되어 있던 미분양 물량이 조금씩 소진되기 시작했고 2015년 상반기에는 미분양 물량이 1,000호까지 감소했다. 1차 상승기 때 부동산 가격이 오르는 것을 경험한 실거주자와 투자자들이 아파트 가격이 잠시 하락하자 가격이 저평가되었다고 판단해 시장에 다시 진입하기 시작했다. 그리고 정부에서 정비사업규제 완화와 양도세·취득세 등의 세제 완화를 강행했고 DTI & LTV 등의 금융규제 완화 정책으로 빚내서 집을 사는 것을 유도했던 것이 부산의 가격 상승에 불을 지폈다고 할 수 있다.

부산의 분양권 거래량을 살펴보면 2010년 이후부터 2017년까지 지속적으로 상승하고 있는 것을 볼 수 있다. 2011년과 2012년에는 2,000호 미만에서 거래가 되었는데 2013년부터는 평균 3,000호가량 거래가 되었다. 이처럼 분양권 거래가 상승했다는 것은 투자 수요가 부동산 시장에 참여를 많이 했다는 의미다. 따라서 투자 수요의 시장 진입이 활발해 부산의 2차 상승기가 가능했다.

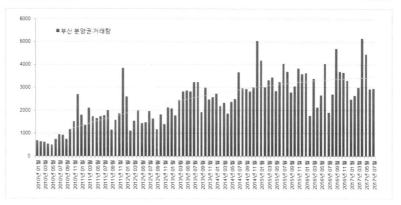

부산의 2차 상승기 때 지역별 가격 변화를 살펴보면, 1차 상승기 때 상승 폭이 컸던 서부산권보다 동부산권의 아파트 가격 상승 폭이 더 컸었다. 이 시기에 동부산권에 입주물량이 많지 않았던 이유도 있었지만, 동부산권의 재개발·재건축 호재와 분양권 열기로 많은 투자 수요가 유입되었기 때문에 상승 폭이 컸다고 할 수 있다. 부산은 2010년대에 재개발·재건축 사업의 최고 활황기를 경험했다. 대부분의 사업장이 2000년대 초중반에 정비구역이 지정되었지만, 부동산 시장이 불황기였기 때문에 사업 진행이 잘되지 않았다. 2010년 이후 부산 부동산 시장이 살아나자 흐지부지되고 있던 재개발·재건축 사업 수익성이 높아지기 시작해 사업 진행 속도가 빨라졌던 것이다.

부산의 권역별 정비사업 현황을 보면 동부산권과 도심권의 사업 단계별 진행이 활발했고, 서부산권과 구도심권 사업 진행은 상대적으로 활발하지 않았음을 알 수 있다. 이것은 정비사업의 수익성과 연관이 있는데, 부동산 가격이 높은 지역이 일반분양가격이 높고, 일반분양가격이 높은 지역에서 사업의 성공확률이 커지기 때문에 동부산권이나 도심권 정비구역의 사업 진행이 상당히 빠르게 되었고 투자 수요도 급격하게 증가했다.

부산광역시 권역별 정비사업 단계 현황   (자료 : 부산정비사업 홈페이지)

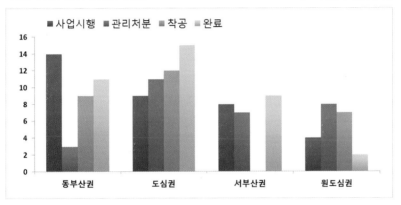

부산의 재개발·재건축 구역은 일부 구역을 제외하고는 대부분 입지가 뛰어났고, 이곳에서 신축으로 공급되는 아파트는 인기가 높았다. 이 당시 부산 조합원 입주권 가격은 상당한 금액의 프리미엄이 형성되어 거래되는 곳이 많았다. 비싼 가격에도 불구하고 수요가 많았던 것은 가격 상승에 대한 기대가 컸기 때문이다. 부산 정비구역 지도를 살펴보면 상당히 많은 곳에서 정비사업이 진행되고 있고, 교통, 학군, 자연환경이 뛰어난 입지의 정비 구역도 상당히 많음을 알 수 있다.

부산의 이런 현상은 현재 서울에서 이미 일어나고 있다. 부산 시장의 가격 흐름을 참고하면 서울, 대구, 대전 그리고 기타 도시의 향방을 가늠해볼 수 있지 않을까 생각한다.

부산 해운대구 일대 개발구역

부동산 투자, 흐름이 정답이다

부산 수영구 일대 개발 구역

부산 남구 일대 개발 구역

부동산 투자, 흐름이 정답이다

제1판 1쇄 발행 | 2018년 4월 12일
제1판 9쇄 발행 | 2021년 11월 30일

지은이 | 김수현
펴낸이 | 유근석
펴낸곳 | 한국경제신문*i*
기획제작 | (주)두드림미디어   디자인 | 얼앤똘비악earl_tolbiac@naver.com

주소 | 서울특별시 중구 청파로 463
기획출판팀 | 02-333-3577
E-mail | dodreamedia@naver.com
등록 | 제 2-315(1967. 5. 15)

ISBN 978-89-475-4330-9 03320